MARIE-CHRISTINE HOLLERITH

Zauberhaftes PAPERCUT

Blumen, Tiere und mehr

Dekorative Projekte & illustrierte Papierschnitte

EMF

EIN BUCH DER EDITION MICHAEL FISCHER

INHALT

Über dieses Buch
4

GRUNDLAGEN
DEIN EINSTIEG INS ZAUBERHAFTE PAPERCUT
7

Inspiration und Motive
8

Werkzeuge und Materialien
10

Verwendung der Motivvorlagen
12

Die richtige Technik
14

Kreise schneiden
16

Tipps zum Schneiden
18

Schneiden Step-by-Step
19

PROJEKTE
VORFREUDE UND AUSZEIT
21

Skandi-Vogel
22

Die Magie der Schlange
24

Blumenstrauß „to go"
26

Ich denke mir ein Blumenmeer
28

Opas Gewächshaus
30

Selbstgemachtes schmeckt am besten
32

Papier-Blätterkranz
34

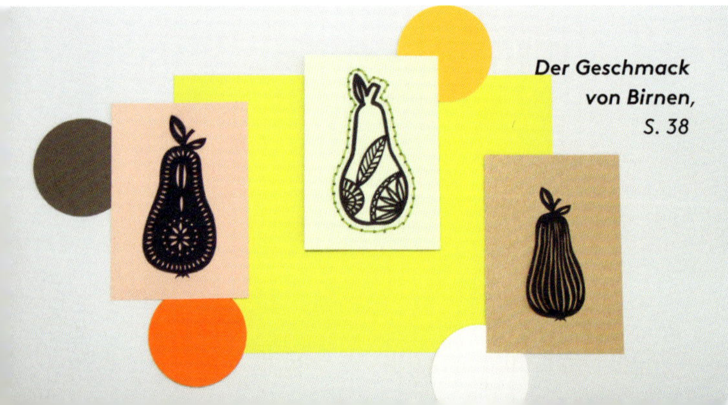

Der Geschmack von Birnen, *S. 38*

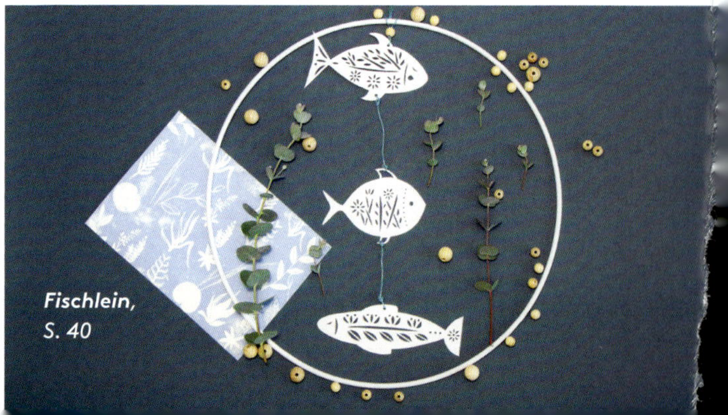

Fischlein, *S. 40*

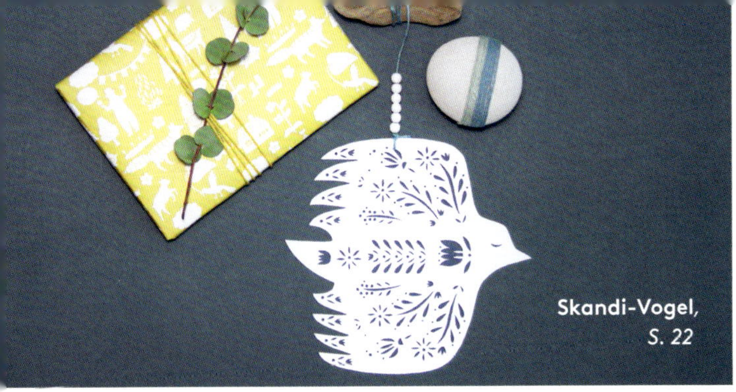

Skandi-Vogel, S. 22

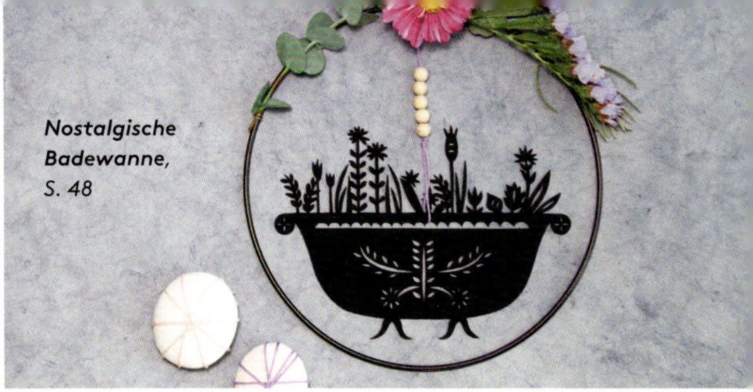

Nostalgische Badewanne, S. 48

Guten-Morgen-Kaffee 36

Der Geschmack von Birnen 38

Fischlein 40

Baum des Lebens 42

Kranz der Poesie 44

Die Anmut des Schmetterlings 46

Nostalgische Badewanne 48

Blumenwiese 50

Waldtier-Parade 52

Das Rascheln der Blätter 54

Faltschachtel 56

Pfauenkleid 58

Über die Autorin 60

Dank 61

Notizen 62

VORLAGEN AUF PERFORIERTEN SEITEN ZUM SOFORT-LOSLEGEN 65

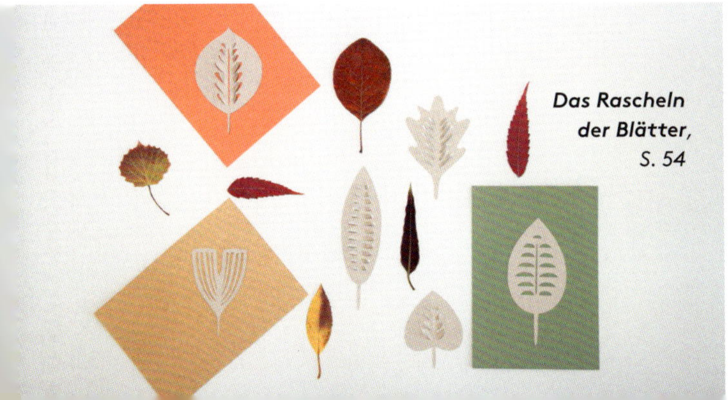

Das Rascheln der Blätter, S. 54

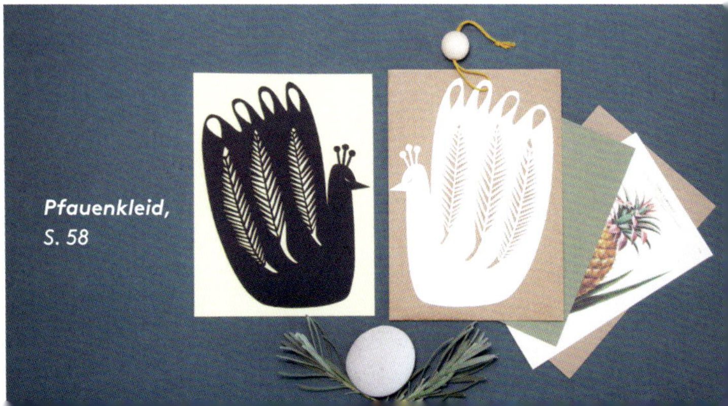

Pfauenkleid, S. 58

ÜBER **DIESES BUCH**

Welch Wunder sich dort draußen, direkt vor unseren Augen, an jedem neuen Tag entfaltet. Das Wunder der Natur.

Manchmal kann ich kaum glauben, wie vielfältig, wandelbar und heilsam es sein kann, unter freiem Himmel herumzustreifen, die leuchtende Blumenwiese im Sommer zu betrachten, den Duft des Waldes im kühlen Herbst einzuatmen, die Vielfalt der Tiere und ihrer Gewohnheiten zu beobachten und zu bewundern. Unendliche Inspiration, die ich immer wieder voller Dankbarkeit in meine Illustrationen und Papercuts einfließen lasse.

Es sind nun bald 5 Jahre, dass ich mich an meinen ersten Papierschnitt herangewagt habe. Damals konnte ich mir noch nicht vorstellen, dieses kreative Handwerk einmal als festen Bestandteil meines Alltags auszuüben. Viel zu viel Respekt hatte ich vor der Feinheit der Technik, den filigranen Motiven, der Zartheit des Papiers. Bis dahin hatte es mir bei derartigen Projekten immer an Geduld und auch etwas an Feinmotorik gefehlt. Zumindest hatte ich mir das so eingeredet. Ganz anders jedoch verhielt es sich dann mit Papercut. Nach dem ersten noch etwas groben Versuch war ich total hin und weg. Dieses fast meditative Schneiden hatte mich sofort in seinen Bann gezogen. Nach dem Motiv war vor dem Motiv und dem tauben Zeigefinger zum Trotz, schnitt ich einen Papercut nach dem anderen. Endlich hatte ich gefunden, wonach ich gesucht hatte. Ein kreatives Handwerk, das sich ganz natürlich anfühlte, richtig. Bei dem ich die Möglichkeit hatte, meinen eigenen Stil zu entwickeln und umzusetzen, und das zudem eine sanfte Ruhe in meinen Alltag brachte und noch immer bringt.

Und weißt du was? Der Einstieg ins Papercut ist so einfach und unkompliziert. Denn man kann bereits mit sehr wenig Material und Werkzeug loslegen. Alles passt in eine kleine Tasche und ermöglicht es so, dieser wunderbaren Kunst im Grunde immer und überall nachzugehen. Auch ohne große Vorkenntnisse. Und da wären wir auch schon. Du und ich und Papercut.

Mit diesem Buch hat sich ein kleiner großer Traum erfüllt. Die Möglichkeit, die Vielfalt des Papercuts, seine Feinheit und Faszination in verschiedenen naturverbundenen Motiven zeigen zu können und dich an diesem wunderbaren Handwerk teilhaben zu lassen, beglückt mich sehr.

Ich bin gespannt, wie es dir gefällt und wünsche dir schon jetzt ganz viel Freude mit den Motiven und Projekten.

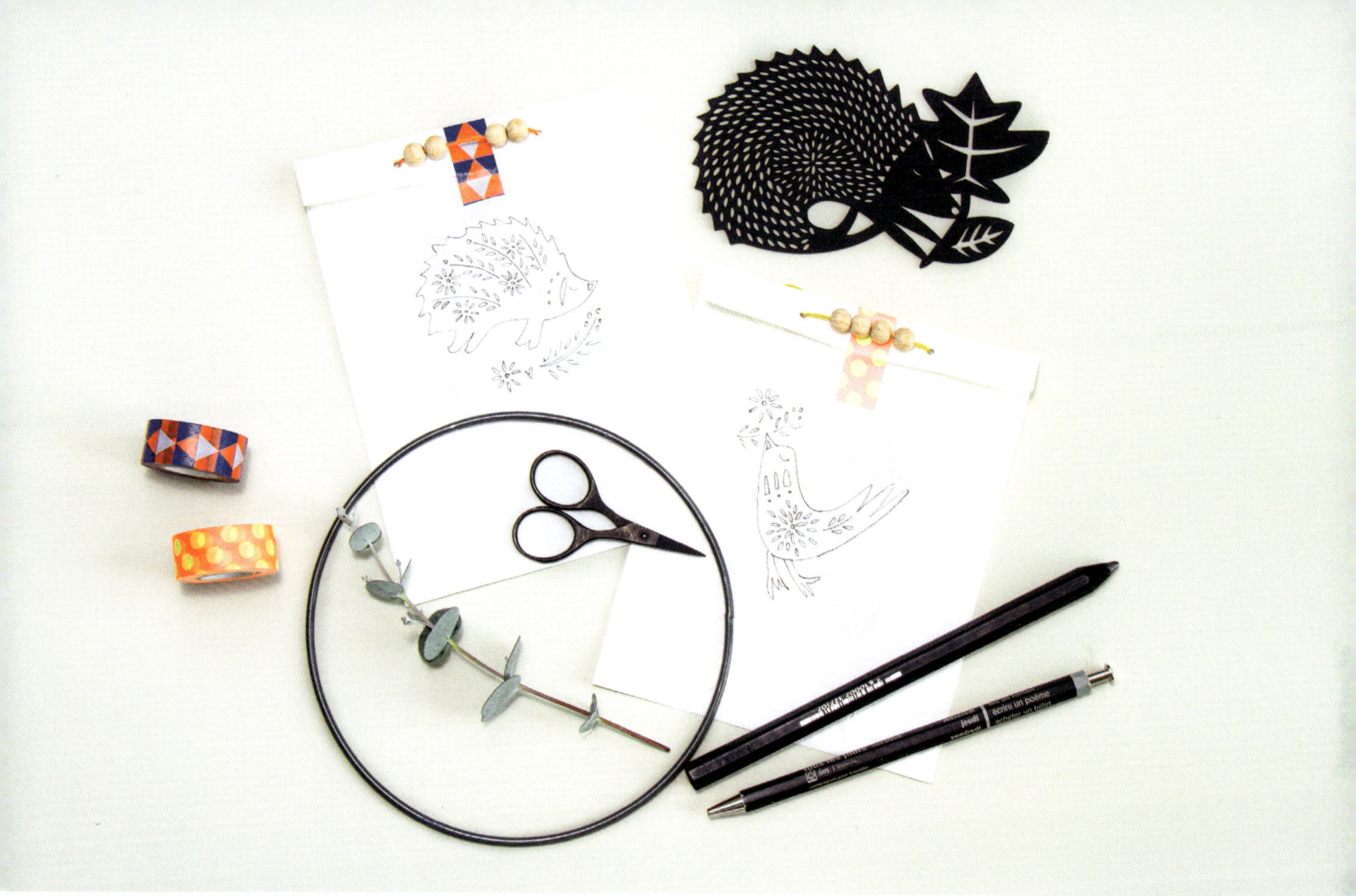

Kleine Geschichte des Papercuts

Tradition, altes Kunsthandwerk, die Faszination des Ursprungs. Wie schön, dass all dies wieder an Bedeutung gewinnt und in den letzten Jahren eine kleine Renaissance erfahren hat. Der Scherenschnitt, als eine der ältesten Volkskünste Chinas, gehört hier auch dazu. Im 17. Jahrhundert kam dieses Kunsthandwerk nach Europa und wurde dort über die nächsten Jahrhunderte in vielfältiger Weise umgesetzt, interpretiert und weiterentwickelt. Verschiedenste Stile, Motive, Farben aber auch der Einsatz von weiterem Werkzeug zur Herstellung der Schnitte, geben dem traditionellen Kunsthandwerk ein neues Gesicht.

Heute spricht man zumeist von Papierschnitt oder auch Papercut, da schon lange nicht mehr nur mit der Schere geschnitten und gestaltet wird. Skalpell bzw. Bastelmesser, Lochstanzer oder Rundlocheisen sowie die Verwendung von sehr filigranen Bastelscheren haben Fantasie und Stile beflügelt und neues Potential beschert. Immer faszinierend, sich in diese Welt zu begeben und zu entdecken, welche gestalterischen Möglichkeiten Papier und Papierschnitt eröffnen. Viel Freude beim Entdecken!

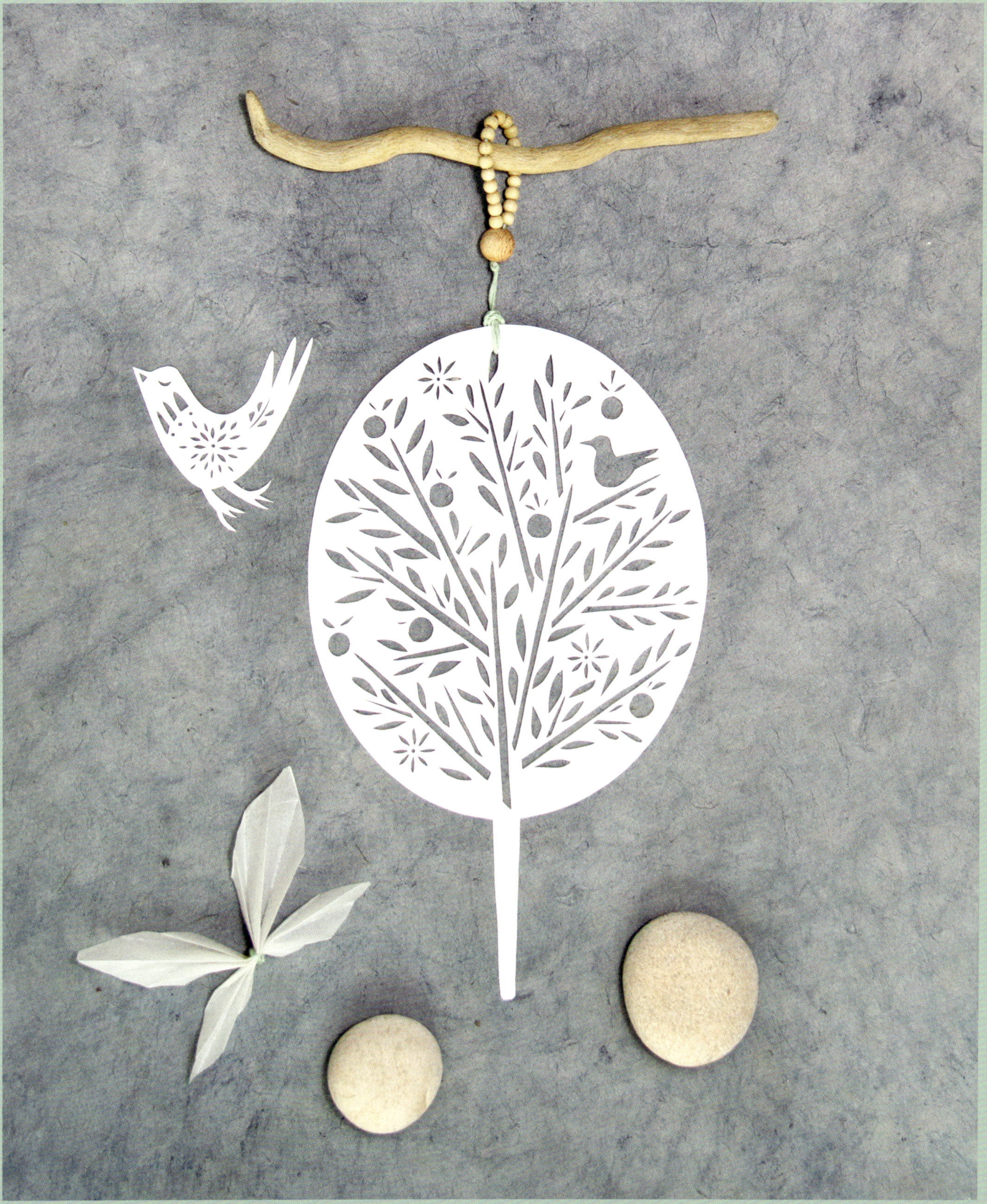

Grundlagen

DEIN EINSTIEG
INS ZAUBERHAFTE PAPERCUT

Wie freue ich mich, dich nun in meine kleine Welt des Papercut mitnehmen zu dürfen. Der Anfang ist eigentlich gar nicht so schwer und doch gibt es ein paar Dinge zu beachten und Grundlagen zu kennen, die dir beim Start ins kreative Papercutten helfen können. Beispielsweise die benötigten Materialien und Werkzeuge, aber auch ein paar Tipps und Tricks, um bei den manchmal doch recht filigranen Motiven nicht zu verzagen. Lass es uns gemeinsam anschauen.

INSPIRATION UND MOTIVE

Am Anfang steht das Motiv – damit solltest du dich wohlfühlen, denn es soll ja etwas Besonderes werden. Abhängig davon, wie groß und filigran die Vorlage ist, kann es etwas Zeit und Muße erfordern, den Papercut zu schneiden, aber du wirst sehen, es lohnt sich. Du kannst auf bereits fertig gestaltete Vorlagen zurückgreifen oder dein eigenes Design entwickeln. Jede Variante hat ihren Reiz und es macht auch Spaß zu wechseln. Finde heraus, womit du dich wohler fühlst.

VORLAGEN

Gerade beim Einstieg ins Papercut bietet es sich an, auf bereits fertig gestaltete Motivvorlagen zurückzugreifen.

Auf diese Weise kannst du dich bei deinen ersten Schneideversuchen voll und ganz auf die Technik und den Umgang mit dem Material konzentrieren. Du musst dir keine Gedanken darüber machen, welche Bereiche auszuschneiden sind und welche stehen bleiben müssen, denn dies ist in bestehenden Vorlagen bereits berücksichtigt und selbsterklärend angezeigt. Auch sparst du dir etwas Zeit, da du das Motiv nicht erst noch selbst entwickeln und zeichnen musst. Das macht alles zu Beginn etwas einfacher.

Um eine schöne und passende Motivvorlage auszuwählen, kannst du entweder auf Vorlagenblöcke, Papercut-Bücher oder aber auf Downloadvorlagen im Internet zurückgreifen. Motivvorlagen gibt es in allen möglichen Größen, Designs, Stilen und Varianten und damit auch Schwierigkeitsgraden. Nimm dir Zeit, schau dich um, wähle mit Bedacht und dann lass dich fallen. Denn einen Papercut zu schneiden, kann ziemlich meditativ sein.

EIGENE MOTIVE ENTWICKELN

Ich kann nur jedem ans Herz legen, es einmal mit einem eigenen Motiv zu versuchen. Auch wenn du das Gefühl hast, dass du nicht gut zeichnen kannst oder dir die Ideen für eine eigene Vorlage fehlen, solltest du es einmal wagen. Denn schon ganz einfache Formen und Muster können ein schönes Papercut-Motiv ergeben und es muss nicht immer eine 1:1-Abbildung der Natur sein. Auch abstrakte Motive haben ihren ganz eigenen Charme und man kann sich von dem Anspruch lösen, dass es so aussehen muss, wie es die Realität vorgibt. Finde deinen eigenen Stil, probiere aus, verwerfe und freue dich, wenn es geklappt hat.

Inspiration gibt es eine Menge und diese solltest du nutzen. Für mich bietet die Natur eine unerschöpfliche Quelle an Ideen. Das ist eine Bereicherung in doppelter Hinsicht. Denn es veranlasst mich dazu, viel bewusster durchs Leben zu gehen, Augen und Ohren offenzuhalten, Dinge zu entdecken, an denen ich früher rastlos vorbeigegangen wäre. Wir schärfen damit unsere Sinne und lernen, wieder aufmerksamer für die kleinen Wunder des Alltags zu werden. Im Kopf entstehen kleine Geschichten, eine Melodie und Bilder, die sich später in meinen bzw. deinen Entwürfen und Motiven wiederfinden können. Was für ein schöner Gedanke.

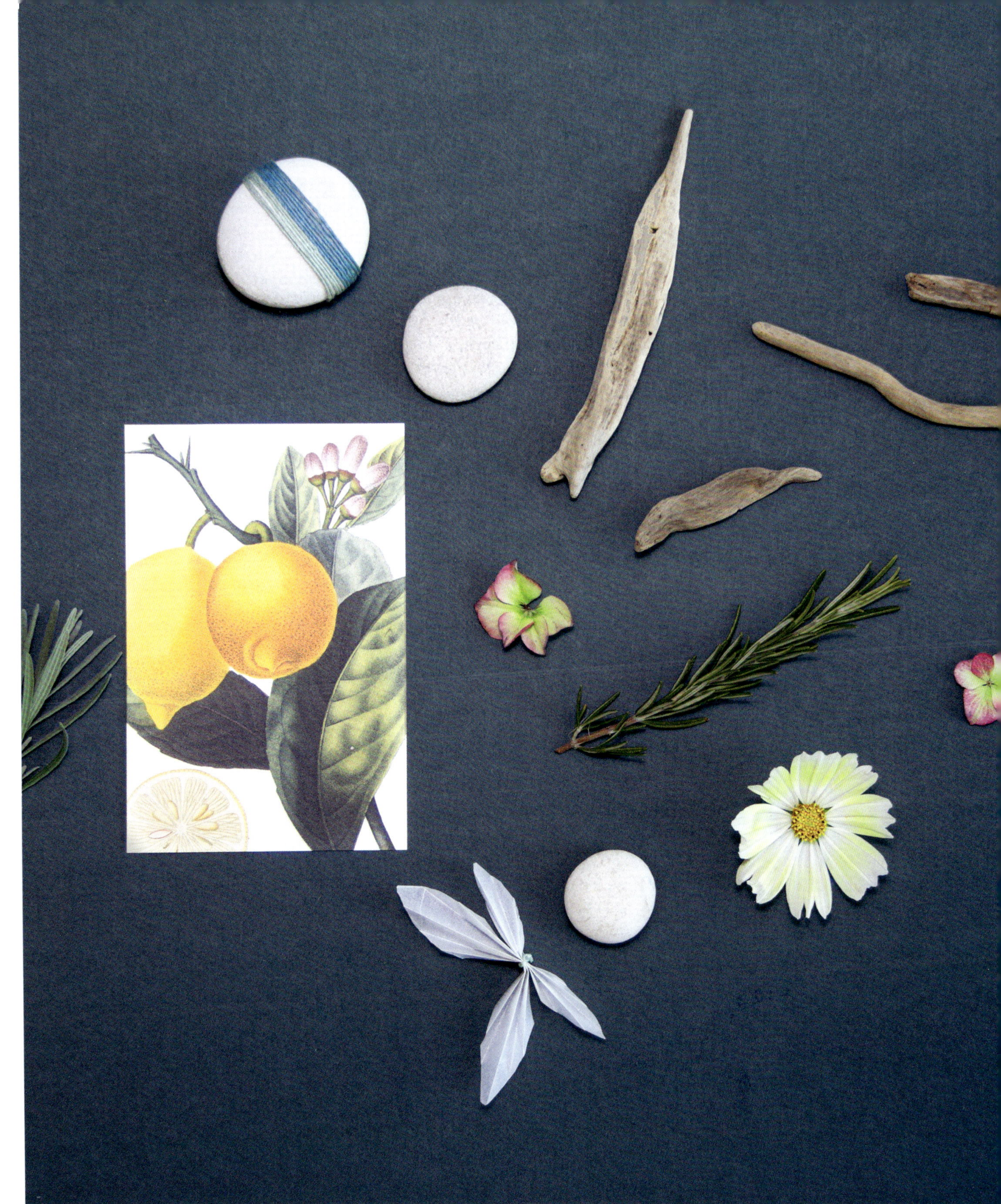

VERWENDUNG DER MOTIVVORLAGEN

Die Motivvorlagen im hinteren Teil des Buchs (ab S. 63) sind so angelegt, dass du sie problemlos aus dem Buch herausschneiden und im Original für dein Papercut verwenden kannst. Zusätzlich bieten wir dir die Vorlagen als digitalen Download an. Den Link findest du auf Seite 62. Falls du dich für andere Motive entscheidest und das Original nicht verwenden möchtest, hast du verschiedene Möglichkeiten, das Motiv auf ein Papier deiner Wahl zu übertragen.

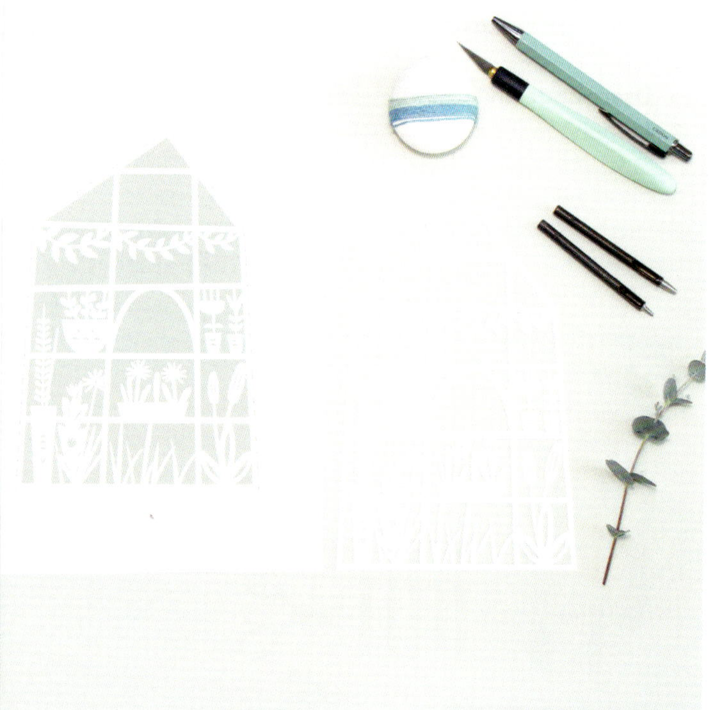

VARIANTE 1: SCANNEN

Du scannst das gewünschte Motiv ein und druckst es direkt auf das von dir gewählte Papier. Der Vorteil ist, dass du das Motiv jederzeit erneut drucken und schneiden kannst.

VARIANTE 2: KOPIEREN

Du kopierst das Motiv auf ein Papier deiner Wahl und fängst an zu schneiden. Hier solltest du jedoch vorher prüfen, welche Papier-Grammatur dein Kopierer bedrucken kann. Du solltest unbedingt einen Papierstau vermeiden, das trübt die Vorfreude aus eigener Erfahrung enorm.

VARIANTE 3: ABPAUSEN

Du überträgst das Motiv mithilfe eines Transferpapiers (zum Beispiel Saral Graphit-/Tansferpapier) auf das zu schneidende Papier. Diese Variante ist zwar etwas aufwendiger, gibt dir aber die Möglichkeit, das Motiv etwas zu verändern und eigene Ideen mit einzubringen.

DIE **RICHTIGE TECHNIK**

Bevor es mit den ersten Motiven losgeht, üben wir ein wenig. Wer noch nie einen Papercut geschnitten hat, sollte ein Gefühl für die Technik bekommen, für das Führen des Skalpells, das Fixieren des Papiers und die Reihenfolge, in der das Motiv geschnitten wird. Du kannst ein leeres Blatt Papier nehmen und Linien, Formen und Muster frei und ungezwungen hineinschneiden; gerade, kreis- oder wellenförmig, das Handgelenk starr oder sich mit der jeweiligen Form mitbewegend. Versuche, entdecke und entwickle eine Routine, die dir bei jedem neuen Motiv Sicherheit gibt.

MESSERHALTUNG

Die Messerhaltung und auch die Art, wie du das Messer später beim Cutten führst, ist sehr individuell. Du startest damit, das Skalpell wie einen Stift zwischen Daumen und Zeigefinger zu halten, das Griffteil des Skalpells ruht dabei auf deinem Mittelfinger. Mit der freien Hand hältst du das zu schneidende Papier fest, so dass es beim Schneiden nicht verrutschen kann. Das Skalpell sollte nicht zu steil gehalten werden. Auch solltest du das Papier entsprechend der Schneiderichtung drehen, um die Formen und Linien angenehm schneiden zu können. Übe gerade so viel Druck auf das Messer aus, dass das Papier geschnitten wird. Wenn du zu fest aufdrückst, wirst du merken, dass dein Finger etwas taub wird. Aber keine Angst, das gibt sich wieder. Du wirst recht zügig ein Gefühl dafür entwickeln, wie du das Skalpell am besten führst, um einen sauberen Schnitt zu erhalten. Vergiss nicht, die Klinge ab und an gegen eine Neue auszutauschen. Ich habe von Künstlern gelesen, die das alle 15 Minuten tun. Ich gebe meinen Klingen meist ein bisschen mehr Zeit.

SCHNEIDETECHNIK

Beim Papercutten unterscheidet man zwischen positiven und negativen Bereichen eines Motivs. Die positiven Bereiche bleiben beim Cutten stehen, während die negativen Bereiche ausgeschnitten werden. Gerade beim Entwickeln eigener Motive ist es sehr wichtig, ein Gefühl dafür zu bekommen, welche Bereiche ausgeschnitten werden und welche stehen bleiben müssen, um ein schönes und vor allem auch stabiles Bild zu erhalten. Es ist mir mehr als einmal passiert, dass ich motiviert vor mich hin geschnitten habe und erst ziemlich zum Ende hin bemerkte, dass mein Cut nicht mehr zusammenhält, weil ich die falschen Bereiche ausgeschnitten hatte.

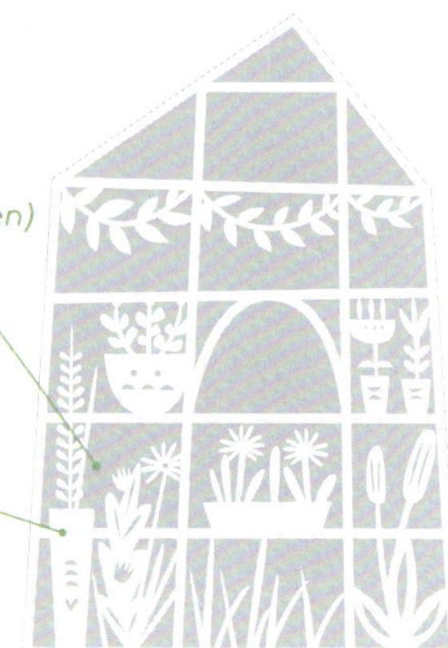

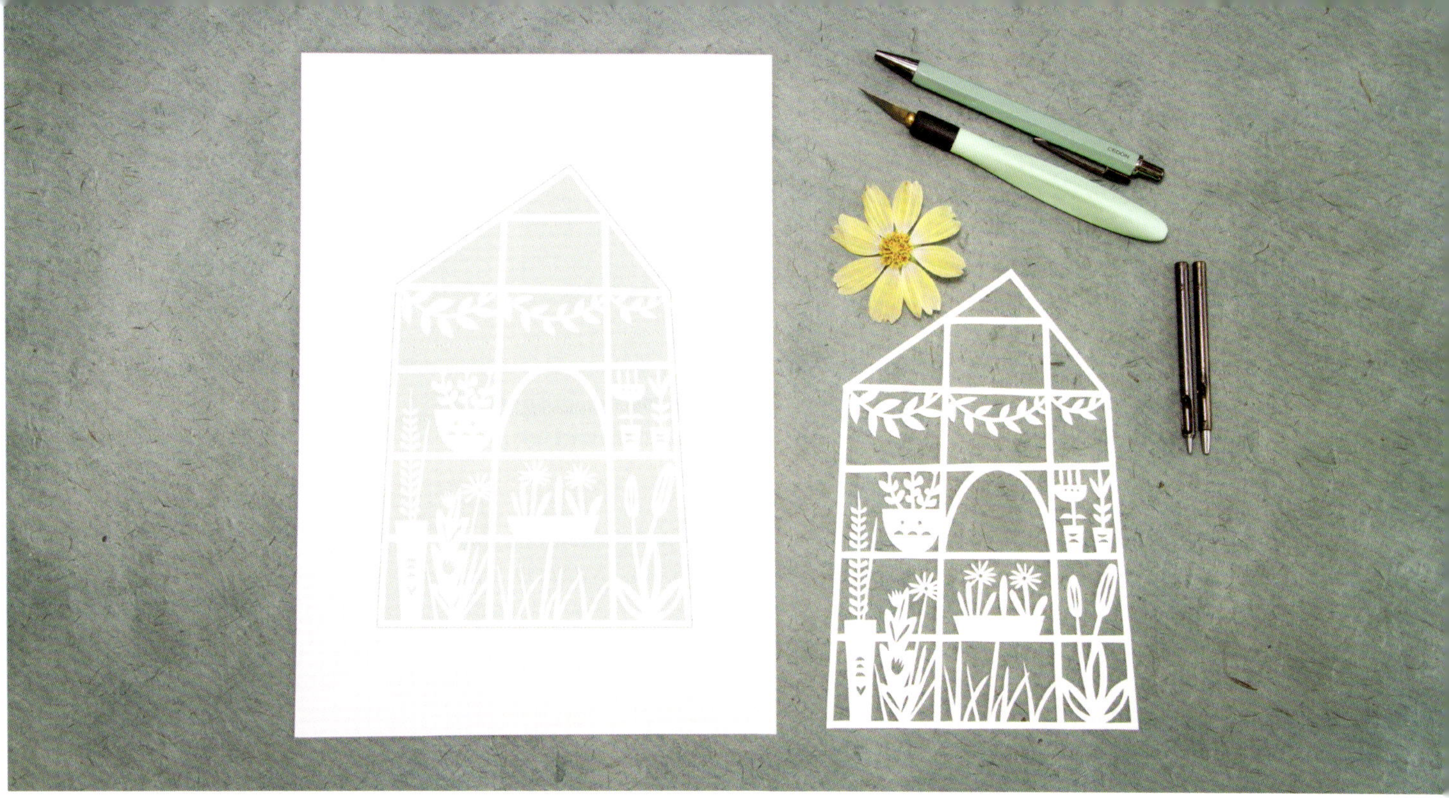

Die Papierseite, auf der du schneidest, wird später die Rückseite deines fertigen Motivs sein. Der Schnitt auf der Vorderseite ist sauberer und du umgehst außerdem das Problem, dass ggf. einige Linien der Vorlage noch zu sehen wären. Es ist wichtig, dabei ist zu beachten, dass das fertige Motiv entsprechend spiegelverkehrt erscheint. Bei Verwendung von Schriften ist es daher wichtig, dass sie auf der Seite, auf der du schneidest, spiegelverkehrt erscheinen.

Gerade Linien schneiden

Beim Schneiden gerader Linien solltest du darauf achten, dein Papier mit der freien Hand gut zu fixieren und mit konstantem Druck langsam und sorgfältig auf der Linie zu schneiden. Ich präferiere es, gerade Linien in einer Bewegung durchzuschneiden. Du kannst zwischendrin aber auch kurz absetzen, das Messer oder Papier bei Bedarf neu positionieren und den Schnitt dann fortsetzen. Dabei solltest du exakt an dem Punkt starten, an dem du aufgehört hast.

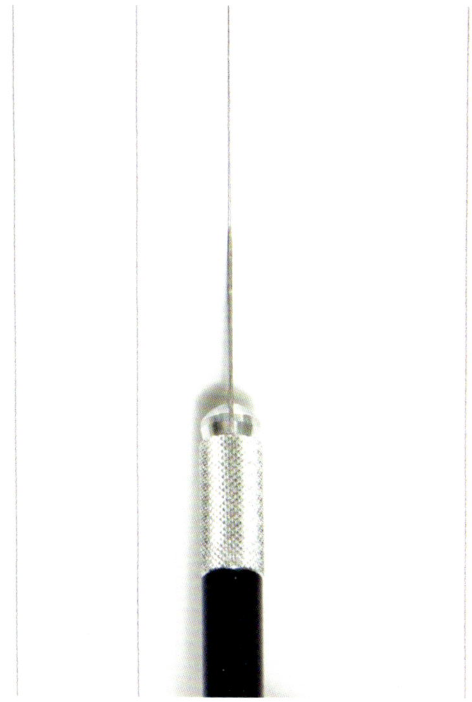

TIPPS ZUM SCHNEIDEN

Nun kennst du die Grundlagen für dieses wunderbare Handwerk des Papercuts. Bevor wir mit dem ersten Motiv starten, habe ich dir noch ein paar Tipps und Gedanken zusammengefasst, die mir selbst am Anfang sehr geholfen haben und es auch immer noch tun. Denn auch mir passieren immer mal wieder die klassischen Fehler, von denen ich gedacht hatte, sie schon längst verinnerlicht zu haben.

TIPP 1

Starte damit, die schwierigeren filigranen Teile des Motivs zu schneiden. Falls dann etwas schiefgeht, hast du nicht schon viel Zeit in das Projekt investiert. Auch ist es sinnvoll, die größeren Flächen am Schluss zu bearbeiten, da der Cut dann möglichst lange seine Stabilität behält. Je mehr Papier herausgeschnitten wird, desto fragiler wird das Motiv.

TIPP 2

Geschnitten wird immer auf der Rückseite des Motivs. Du musst dir also nicht viele Gedanken um die Bleistiftlinien deiner eigenen Skizze oder die Linien der Motivvorlage machen. Wenn der Cut fertig geschnitten ist, wird er auf die Vorderseite gedreht. Du wirst sehen, dass auch die Schnittlinien auf dieser Seite sehr viel sauberer sind.

TIPP 3

Denke daran, Schriften vor dem Schneiden zu spiegeln, da die Schnittseite ja die Rückseite ist. Leider musste ich schon des Öfteren ein Projekt wegwerfen, weil ich erst zum Ende hin gemerkt hatte, dass die Schrift nicht gespiegelt war. Dann erscheint sie auf der Schneideseite zwar korrekt, aber auf der Vorderseite des Cuts verkehrt herum.

TIPP 4

Nimm dir genug Zeit für dein Projekt. Manche Stellen erfordern ein sehr langsames und sorgfältiges Arbeiten. Bei aufwendigen Projekten wechsele ich zwischendurch die Klinge des Skalpells und mache auch ab und an eine kleine Pause. Das tut deiner Hand, deinen Augen und auch deinem Nacken gut.

TIPP 5

Achte darauf, Stellen, die noch nicht vollständig vom Papier gelöst sind, nicht mit Gewalt herauszutrennen. Es ist unglaublich ärgerlich, wenn zum Ende hin Stellen einreißen oder sich sogar komplett lösen. Lieber nochmals mit dem Skalpell leicht nacharbeiten. Manchmal reicht schon ein punktueller Schnitt, um den verbliebenen Papiersteg zu lösen.

SCHNEIDEN STEP-BY-STEP

Die folgende Step-by-Step-Übersicht zeigt dir anhand des Schmetterling-Motivs, wie man mit dem Schneiden startet und in welcher Reihenfolge der Cut bearbeitet wird.

1 Platziere deine Motivvorlage auf der Schneidematte und finde eine gute Position, um zu starten.

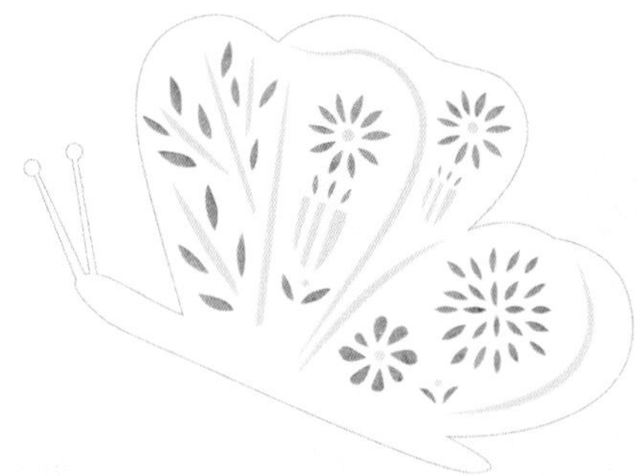

2 Beginne damit, die kleinen Elemente des Motivs herauszuschneiden. Beim Schmetterling sind das die kleinen Blüten und Blätter.

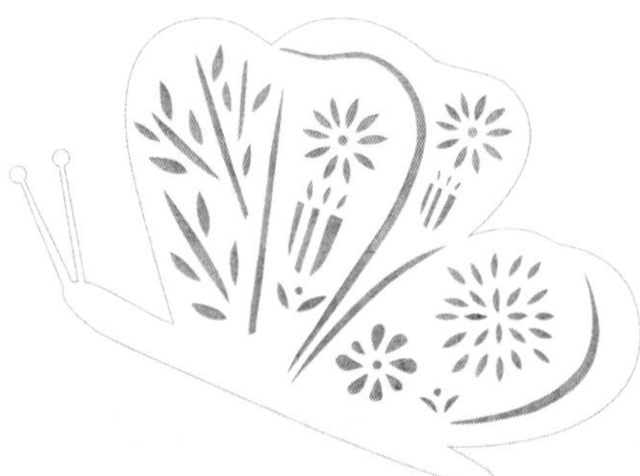

3 Gehe nun die etwas größeren Formen an. Fixiere beim Schneiden das Papier mit der freien Hand.

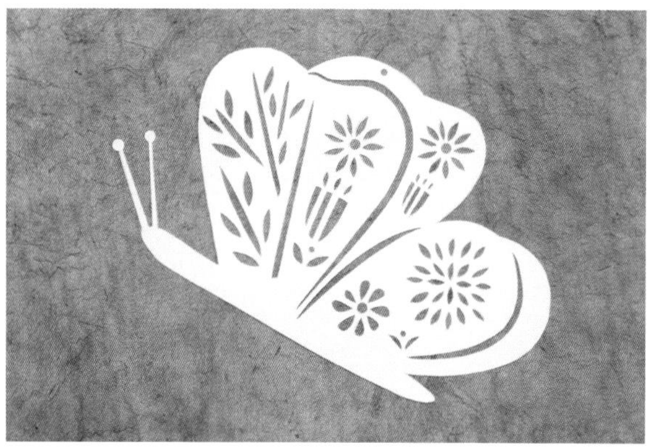

4 Wenn alle innenliegenden Elemente und Muster herausgetrennt sind, kannst du einmal entlang der Kontur cutten und das Motiv von der Papiervorlage lösen.

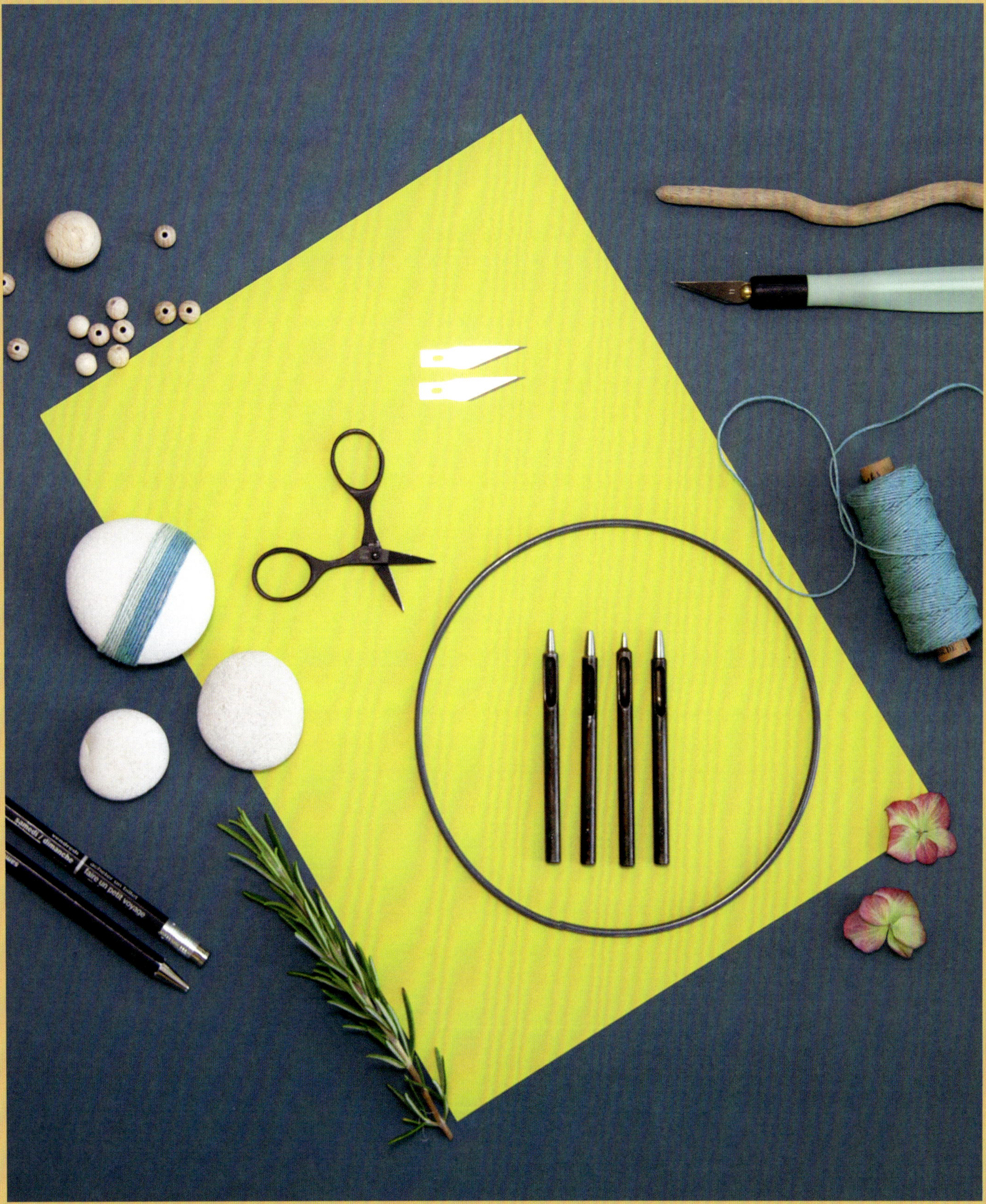
samedi / dimanche
faire un petit voyage

Projekte

VORFREUDE **UND AUSZEIT**

Wie sehr ich mich freue, nun mit dir in dieses Papercut-Erlebnis starten zu dürfen. Auf den nächsten Seiten habe ich eine Vielzahl unterschiedlicher Motive und Projekte für dich gestaltet und vorbereitet. Du findest kleinere und größere Cuts, mit mehr oder weniger Mustern, als Mobile, Anhänger oder Fensterbild und vieles mehr. Ich bin gespannt, was dein erstes Motiv werden wird, wie es geklappt und wie es sich angefühlt hat. Viel Freude mit der Magie des ersten Schnitts.

Skandi-Vogel

Es ist so friedvoll, im Wald zu sitzen und dem Gezwitscher der Vögel zu lauschen oder den Moment zu beobachten, in dem sich ein Vogel in die Lüfte erhebt und anmutig in den Himmel gleitet. Der Skandi-Vogel macht sich wunderbar als Anhänger an einer kleinen Holzperlen-Kette. Er ist zu jeder Jahreszeit ein schönes Mitbringsel für einen besonderen Menschen.

WERKZEUG

- Schneidematte
- Schneidemesser/Skalpell
- ggf. Reserve-Klingen
- Rundlocheisen in verschiedenen Größen

MATERIAL

- Motiv-Vorlage (Seite 63)
- alternativ Papier, ca. 120-140 g, säurefrei
- Garn
- Holzperlen
- kleiner Treibholzast

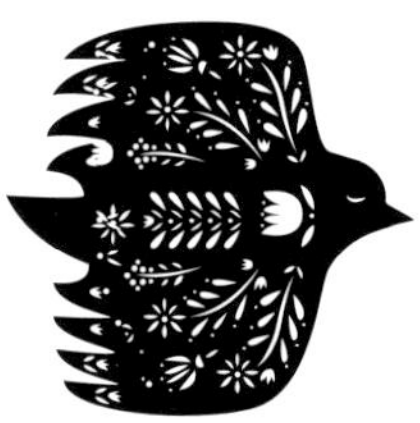

SO GEHT'S

1 Übertrage das Motiv entsprechend der Anleitung auf Seite 12 auf ein Blatt Papier oder verwende die Original-Vorlage im hinteren Teil des Buchs.

2 Beginne nun, mit dem Skalpell die grau hinterlegten kleinen Elemente des Vogels auszuschneiden. Beginne mit den kleinsten Mustern und Formen. Indem du mit den kleinsten Elementen startest, behält das Motiv seine Stabilität beim Schneiden.

3 Wenn du die Muster des Vogels ausgeschnitten hast, kannst du im nächsten Schritt die kleinen Kreise mit den Rundlocheisen ausstanzen. Hierfür verwende ich verschiedene Durchmesser.

4 Schneide nun entlang der Außenlinie des Motivs und löse das Motiv vorsichtig aus dem Papier. Sollte es an der ein oder anderen Stelle noch nicht komplett herauszutrennen sein, versuche an dieser Stelle nochmals mit dem Skalpell nachzubessern. Auf keinen Fall reißen!

5 Nimm zum Schluss ein kleines Stück Garn und fädele es ungefähr mittig am Flügel des Vogels durch eines der Muster. Durch ein paar Holzperlen wirkt die Aufhängung gleich noch etwas wertiger. Suche dir nun einen schönen kleinen Ast, an den du dein Papercut hängen und damit dein Geschenk schmücken kannst.

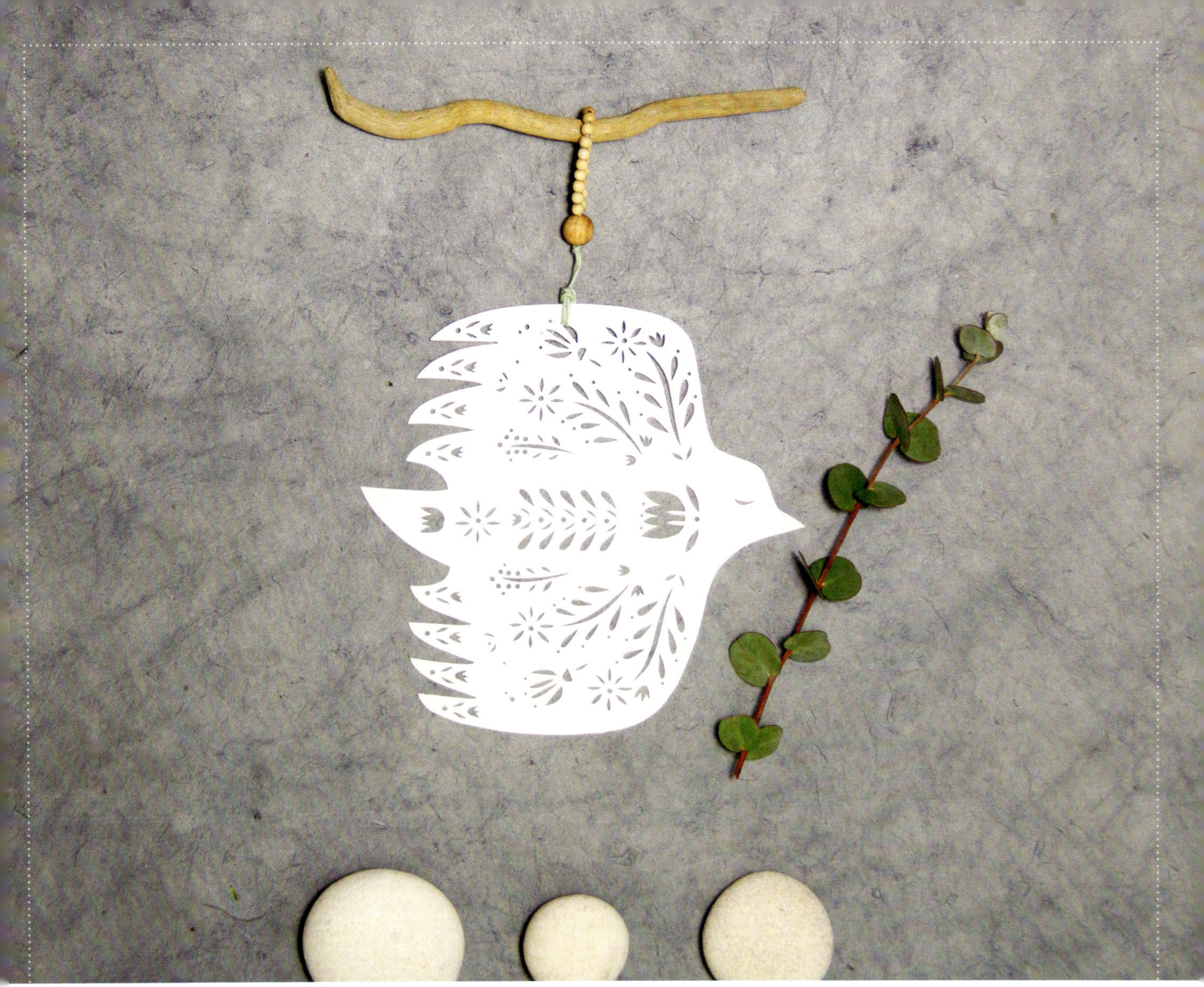

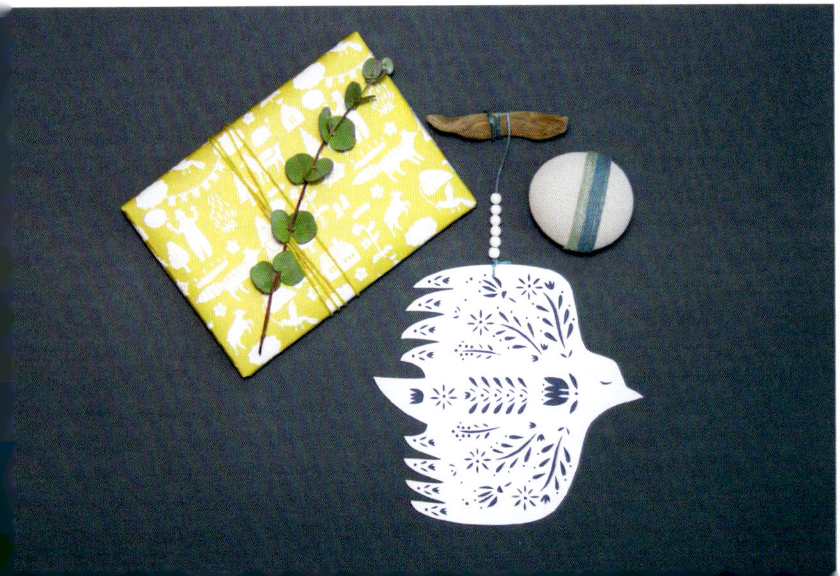

Tipp

Beim Papercut sind der Kreativität keine Grenzen gesetzt. Aus den zauberfeinen Motiven lassen sich jede Menge unterschiedlicher Projekte umsetzen. Der Skandi-Vogel beispielsweise lässt sich auch wunderschön als Fensterbild oder in einem Rahmen dekorieren.

WANDBILD

DIE MAGIE DER *Schlange*

Die Schlange fällt etwas aus der Reihe, wenn man sich die sonst so lieblichen Motive der Waldtiere, Blumen und Pflanzen anschaut. Aber gerade deshalb wollte ich sie mit ins Buch nehmen. Sie ist ein faszinierendes Tier. Und in der Symbolik steht sie nicht nur für Gefahr, sondern auch für positive Eigenschaften wie Scharfsichtigkeit, Wachsamkeit und Heilkraft.

WERKZEUG

| Schneidematte
| Schneidemesser / Skalpell
| ggf. Reserve-Klingen
| Rundlocheisen in verschiedenen Größen

MATERIAL

| Motiv-Vorlage (Seite 95)
| alternativ Papier, ca. 120-140 g, säurefrei

Optional: schwarzer Metallring, Garn & Blätterzweig zur Dekoration

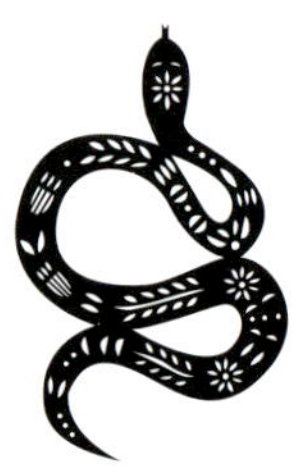

SO GEHT'S

1 Übertrage das Motiv entsprechend der Anleitung auf Seite 12 auf ein Blatt Papier oder verwende die Original-Vorlage im hinteren Teil des Buchs.

2 Starte damit, die kleinen Elemente im innenliegenden Teil des Motivs auszuschneiden, die Muster und Formen der Schlangenhaut sowie die Augen.

3 Anschließend schneidest du die 3 größeren Formen zwischen den Windungen der Schlange heraus.

4 Der letzte Cut ist entlang der äußeren Linie der Schlange. Nun lässt sich das Motiv von der Papiervorlage lösen und nach deinen Ideen dekorieren.

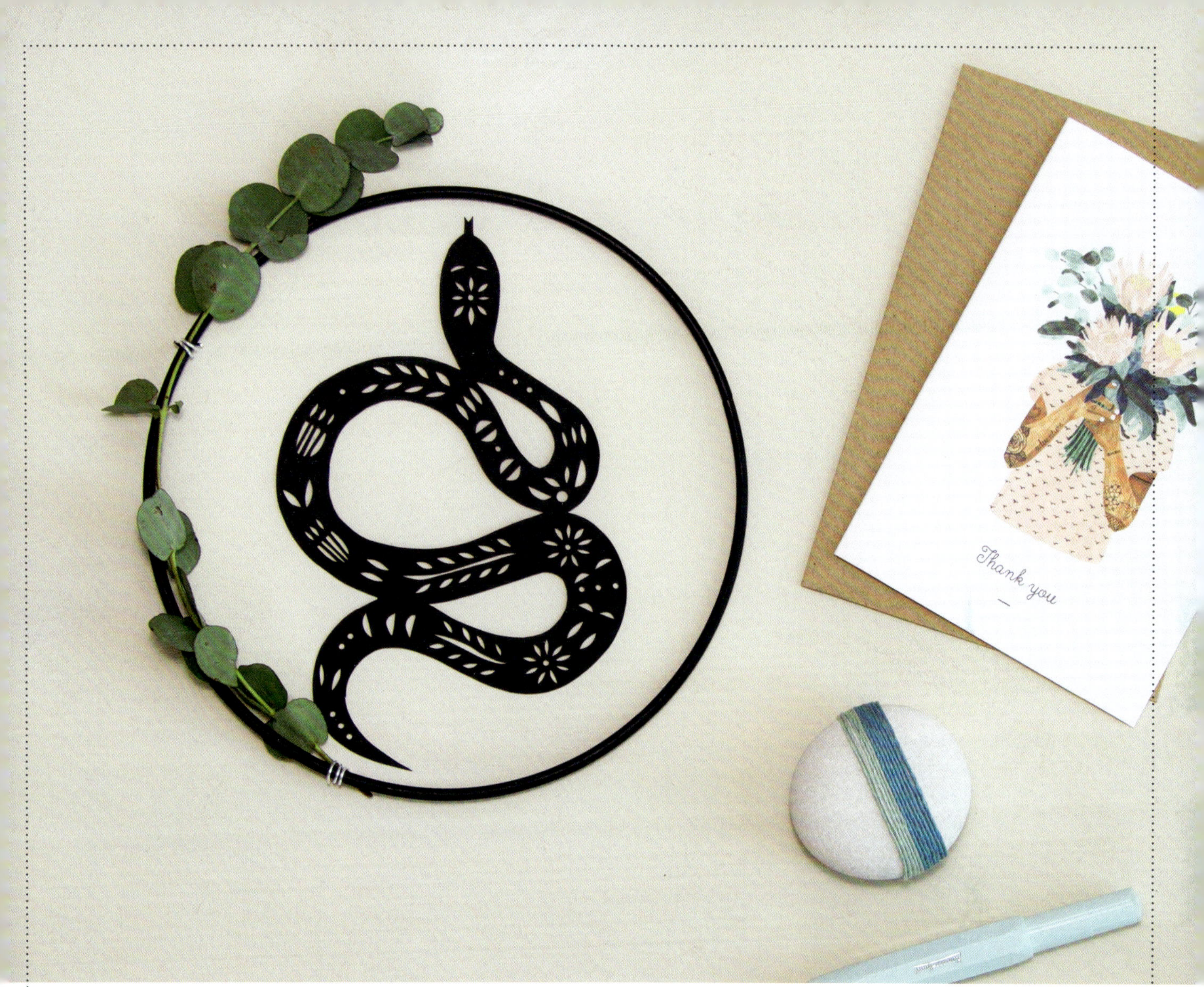

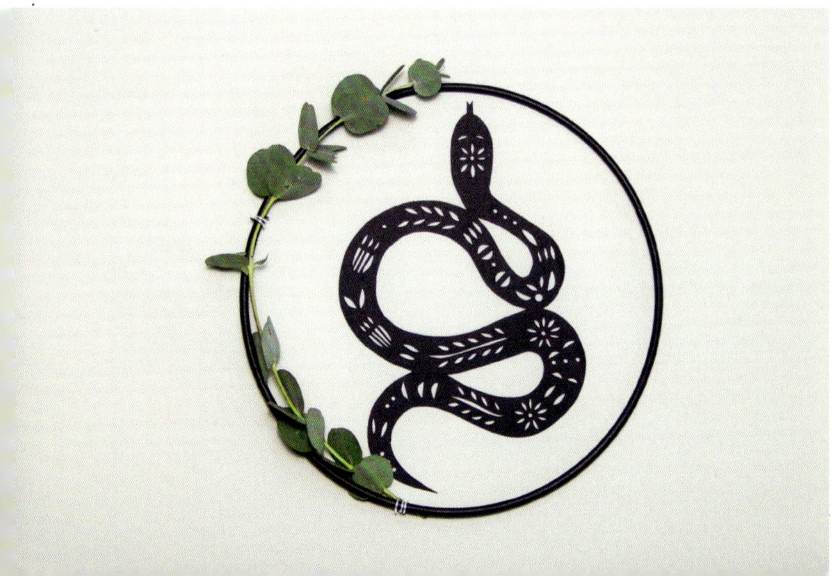

Tipp

Wir haben zu Hause eine kleine Bildtafel aus verschiedenen Papierschnitten gestaltet. Hier finden sich unterschiedliche Reptilien mit kleiner Beschreibung nebeneinander. Es vermittelt einen Hauch von Nostalgie und die Kinder finden es sehr spannend.

Blumenstrauß „to go“

Ich liebe Blumen: auf der Wiese, im Garten, getrocknet oder in einer Vase auf dem Tisch. Blumen zu verschenken bereitet mir ebenso viel Freude. Ich habe kürzlich einen kleinen Strauß aus Papier gestaltet, alle Teile in einen Umschlag gepackt und als Strauß „to go“ verschenkt, inklusive Papiervase. Bei der Beschenkten kam er super an und ermöglichte, selbst kreativ zu werden. So entstand ein individuelles Bouquet und Freude auf beiden Seiten.

WERKZEUG

- Schneidematte
- Schneidemesser/Skalpell
- ggf. Reserve-Klingen
- Rundlocheisen in verschiedenen Größen

MATERIAL

- Motiv-Vorlage (Seite 67)
- alternativ Papier, ca. 120-140 g, säurefrei
- Kleberoller

Optional: Umschlag zur Dekoration

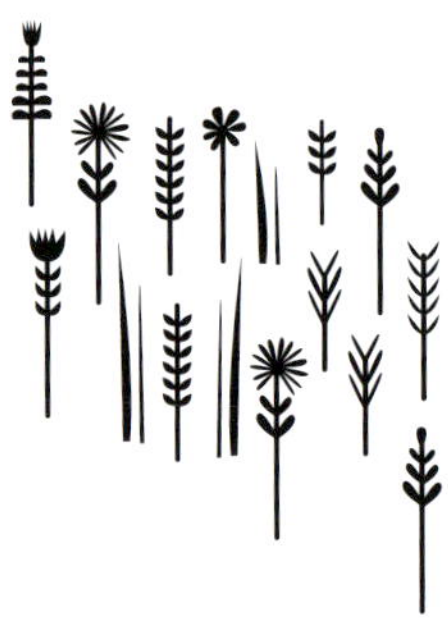

SO GEHT'S

1 Übertrage das Motiv entsprechend der Anleitung auf Seite 12 auf ein Blatt Papier oder verwende die Original-Vorlage im hinteren Teil des Buchs.

2 Schneide die einzelnen Blumen, Zweige und Gräser nacheinander aus und löse sie von der Papiervorlage.

3 Verpacke sie vorsichtig in einem schönen Umschlag und dekoriere diesen mit ein paar frischen Blumen.

4 Lege eine kleine Anleitung oder Grußbotschaft mit bei, so dass der/die Beschenkte weiß, was zu tun ist. Et voilà, der Blumenstrauß to go ist fertig zum Verschenken.

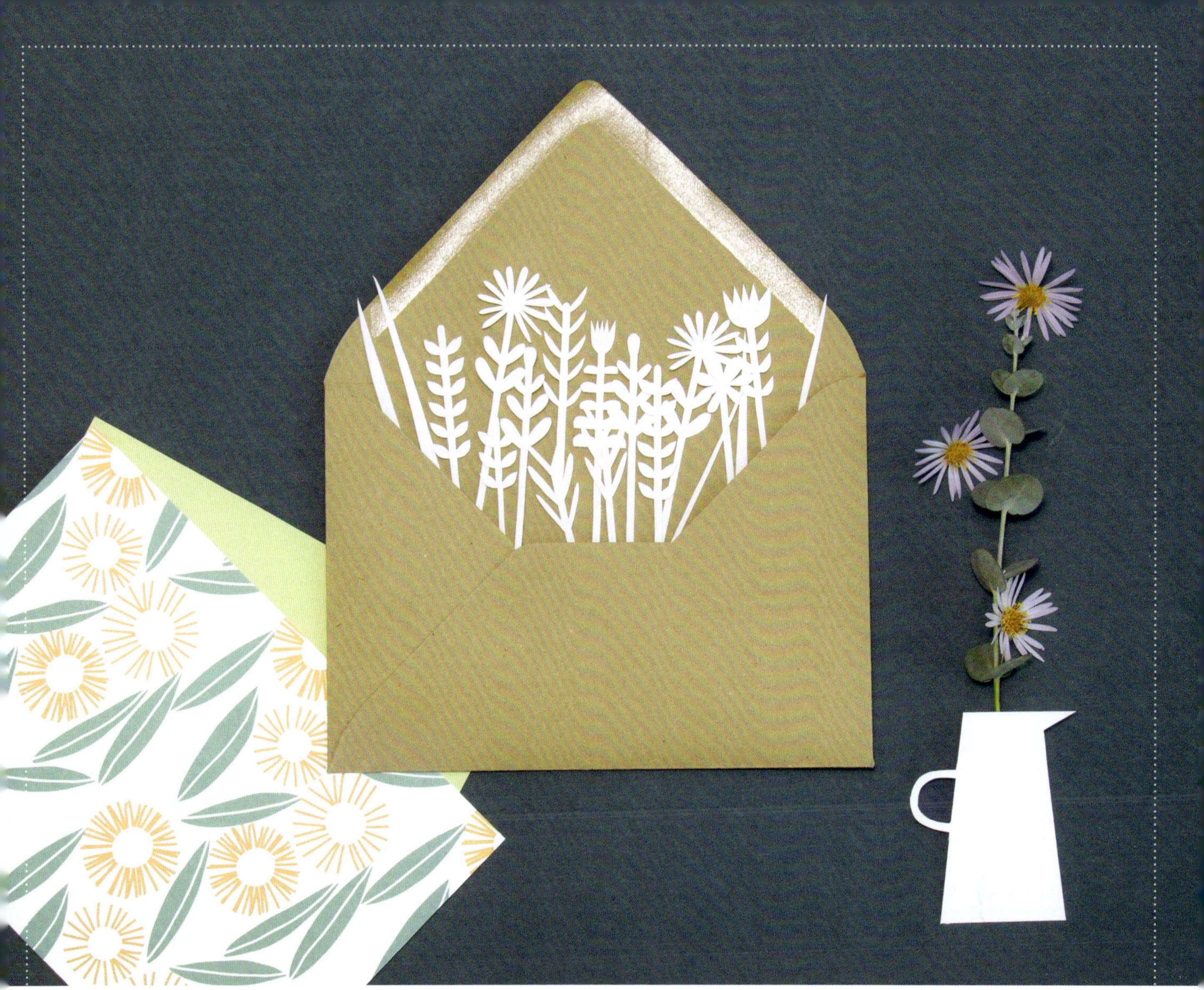

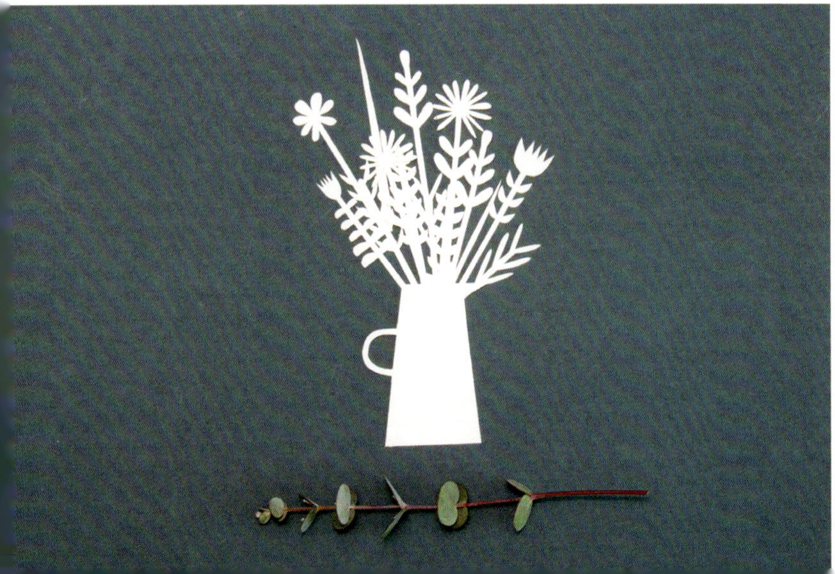

Tipp

Weil mir das Motiv so gut gefiel, habe ich es einmal auch für den Eigenbedarf geschnitten. Allerdings nicht in einer Vase dekoriert, sondern mit einem Kleberoller im offenen Umschlag angeordnet und fixiert. Auch wunderhübsch!

WANDBILD

ICH DENKE MIR EIN *Blumenmeer*

Silhouetten gehören zu meinen Lieblingsmotiven. Im 17./18. Jahrhundert entstanden Scherenschnitte als sehr persönliche Abbilder einer Person, weit vor der Fotografie und als Alternative zur Zeichnung. Meine Köpfe zieren meist Gedanken und Muster, bevorzugt Blumen. Ein schöner Gedanke ist die Natur stets im Sinn zu haben und Inspiration aus ihr zu ziehen.

WERKZEUG

- Schneidematte
- Schneidemesser / Skalpell
- ggf. Reserve-Klingen
- Rundlocheisen in verschiedenen Größen

MATERIAL

- Motiv-Vorlage (Seite 69)
- alternativ Papier, ca. 120-140 g, säurefrei

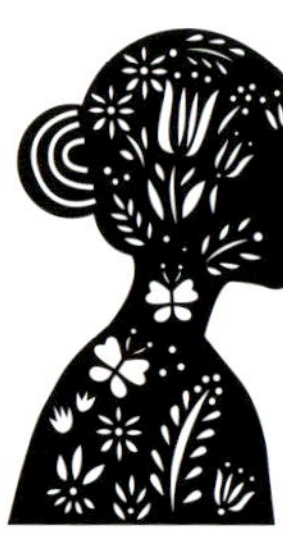

SO GEHT'S

1 Übertrage das Motiv entsprechend der Anleitung auf Seite 12 auf ein Blatt Papier oder verwende die Original-Vorlage im hinteren Teil des Buchs.

2 Beginne damit, dich von den kleinsten zu den größeren Elementen in der Vorlage vorzuarbeiten. Damit behält der Schnitt so lange als möglich seine Stabilität.

3 Die kleinen Kreise lassen sich wie gewohnt sauber und einfach mit Rundlocheisen in verschiedenen Durchmessern entfernen. Es muss nicht exakt die gleiche Größe wie auf meiner Vorlage sein. Verwende einfach, was du zu Hause hast. Alternativ kann man auch mit einer etwas dickeren Nadel ein Loch durch das Papier stechen.

4 Wenn du alle Muster im Frauenkopf herausgeschnitten und gelöst hast, schneidest du entlang des Umrisses. Nun sollte sich das Motiv einfach aus der Papiervorlage herausheben lassen.

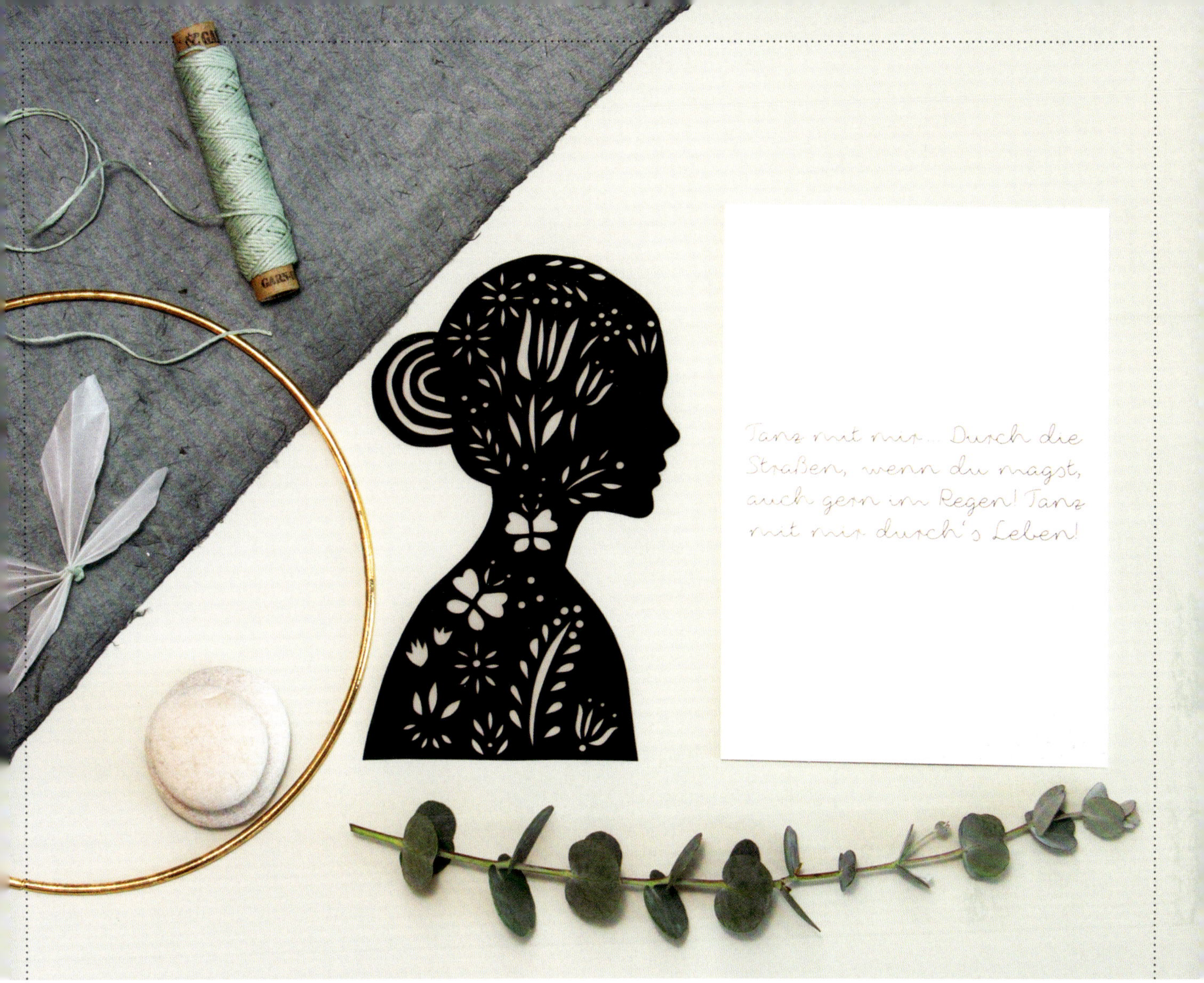

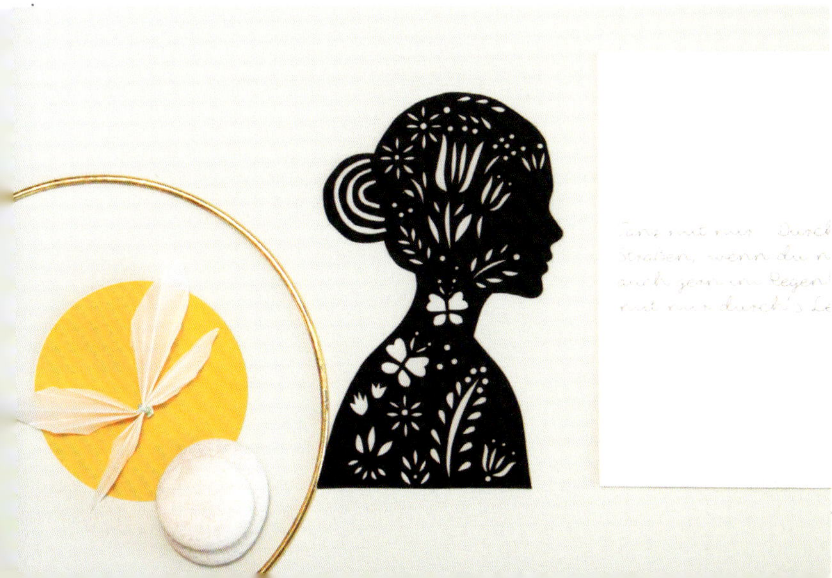

Tipp

Der Frauenkopf sieht wunderbar in einem filigranen Holzrahmen aus. Ich verwende bevorzugt die Rahmen von Moebe, die vorne und hinten Plexiglas haben und damit den Effekt des Papierschnitts wunderbar an der Wand zur Geltung bringen.

OPAS *Gewächshaus*

Wer mich kennt, weiß um meine Liebe zu Gewächshäusern, besonders die in die Jahre gekommenen, bei denen sich die Natur so charmant verselbstständigt hat. Mein Opa hatte so eins. Für uns war es ein magischer Ort – warm, intensiv, wild wuchernd, voller Gemüse, das uns seinerzeit unvorstellbar groß vorkam. Spürt ihr die Magie? Dieses Motiv müsst ihr sehr vorsichtig schneiden, da viel Papier weggeschnitten wird und sich das Motiv damit sehr filigran darstellt.

WERKZEUG

| Schneidematte
| Schneidemesser / Skalpell
| ggf. Reserve-Klingen
| Rundlocheisen in verschiedenen Größen

MATERIAL

| Motiv-Vorlage (Seite 71)
| alternativ Papier, ca. 120-140 g, säurefrei

Optional: Maskingtape zur Befestigung an der Wand / am Fenster

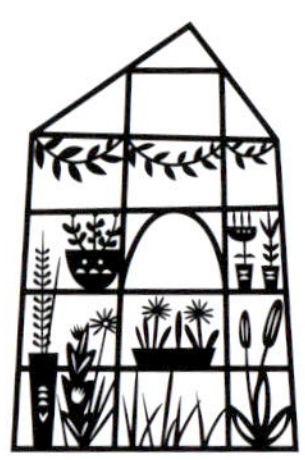

SO GEHT'S

1 Übertrage das Motiv entsprechend der Anleitung auf Seite 12 auf ein Blatt Papier oder verwende die Original-Vorlage im hinteren Teil des Buchs.

2 Starte damit, die kleinen Muster und Elemente zu schneiden. Bei diesem Motiv sind dies beispielsweise die Muster in den Pflanztöpfen bzw. die Strukturen der Blätter. Auch kannst du in diesem Zuge gleich die wenigen Kreise mit dem Rundlocheisen herauszustanzen.

3 Nun beginnst du unten links mit Schneiden und arbeitest dich Stück für Stück von Rechteck zu Rechteck bis zur Spitze des Gewächshauses. Achte darauf, dass du das Papier und den Bereich, indem du schneidest, immer mit den Fingern der freien Hand fixierst. So kannst du ein Ausreißen des Papiers vermeiden.

4 Wenn du alle Bereiche innerhalb des Gewächshauses geschnitten und herausgelöst hast, kann du einmal außenherum schneiden. Jetzt löst sich das Motiv von der Papiervorlage und ist bereit, dekoriert zu werden.

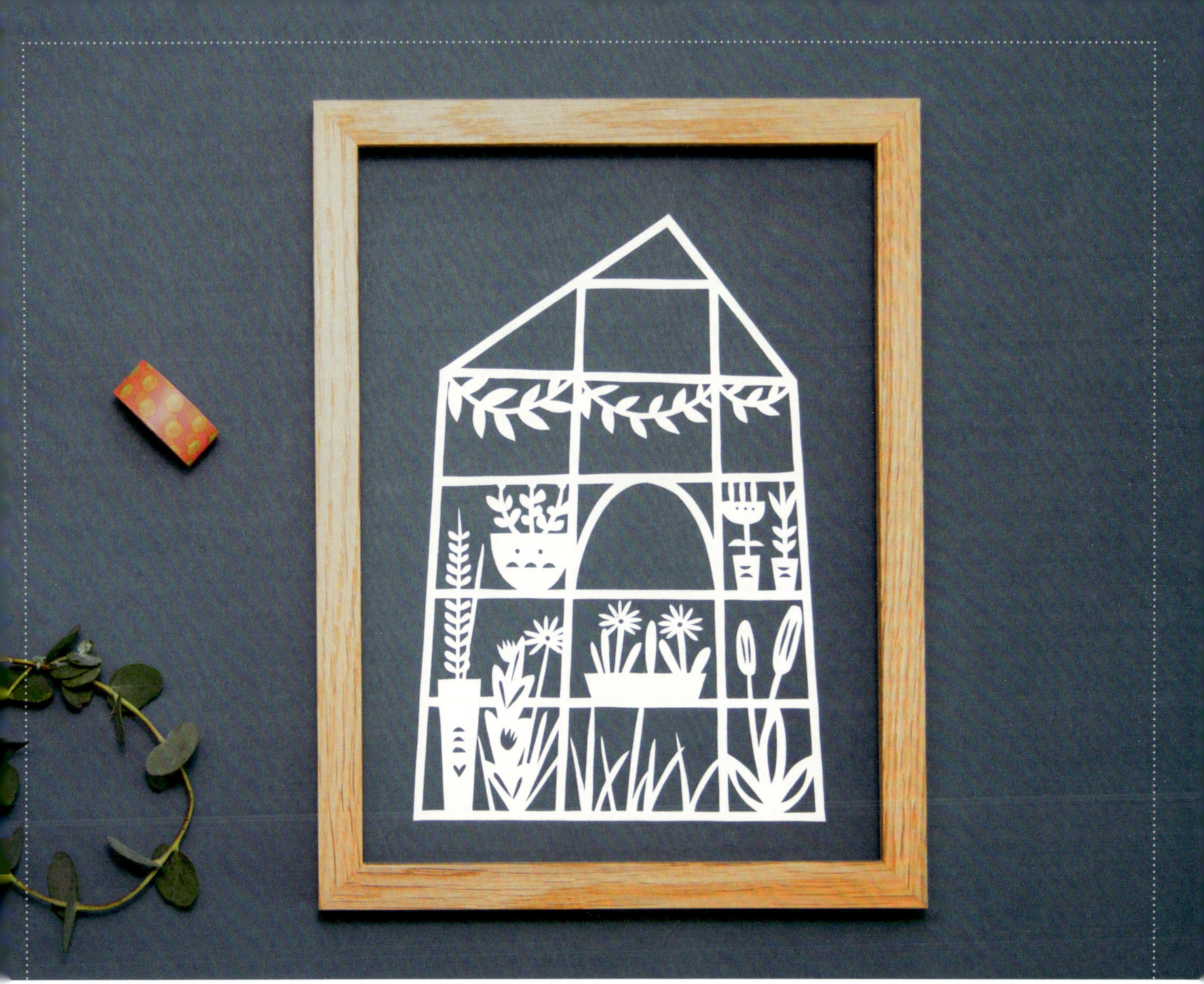

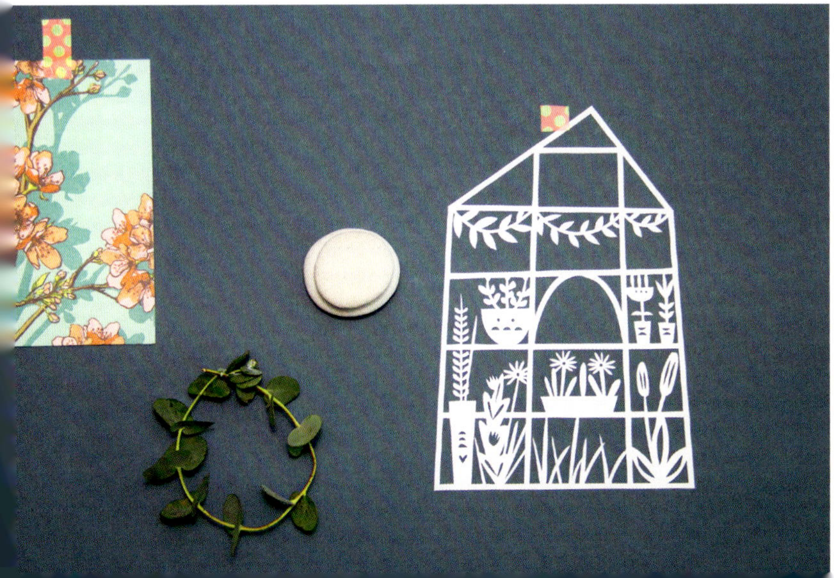

Tipp

Das Gewächshaus präsentiert sich wunderbar umgeben von Pflanzen. So lässt es sich nicht nur als Fensterbild zum Garten raus hübsch dekorieren, sondern macht sich auch wunderbar in einem mit Blättern dekorierten Metallring. Freude!

SELBSTGEMACHTES SCHMECKT *am besten*

So schmeckt der Sommer – zitronig, frisch, mit einem Hauch von Rosmarin. Es geht nichts über selbstgemachte Limonade an einem heißen Sonnentag. In einer Flasche dekoriert, mit Zitronenscheiben und Rosmarin, sieht sie zudem auch richtig schön aus. Fehlt nur noch ein kleiner Anhänger und fertig ist ein wunderbares Mitbringsel fürs nächste Grillfest. Der „Lecker"-Anhänger macht sich auch super an einem Glas selbstgemachter Marmelade, oder, oder, oder.

WERKZEUG

| Schneidematte
| Schneidemesser/Skalpell
| ggf. Reserve-Klingen
| Rundlocheisen in verschiedenen Größen

MATERIAL

| Motiv-Vorlage (Seite 85)
| alternativ Papier, ca. 120-140 g, säurefrei
| Garn
| Holzperlen
| kleiner Treibholzast

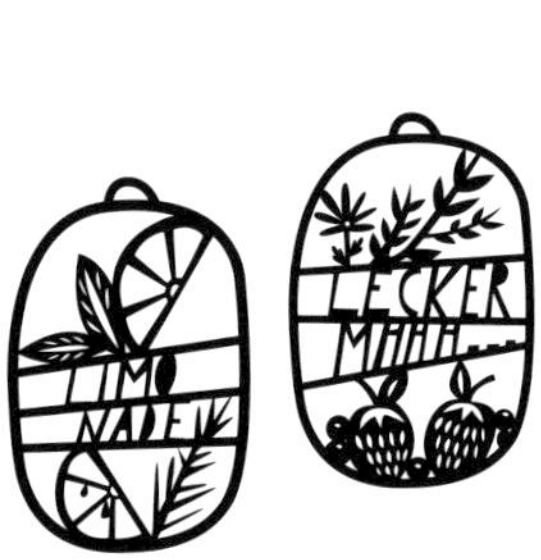

SO GEHT'S

1 Übertrage das Motiv entsprechend der Anleitung auf Seite 12 auf ein Blatt Papier oder verwende die Original-Vorlage im hinteren Teil des Buchs.

2 Starte zunächst damit, die kleinsten Elemente aus den Anhängern herauszuschneiden. Das sind die Muster in den Erdbeeren bzw. die Formen in den Blättern.

3 Danach arbeitest du dich von unten nach oben durch den Papercut-Anhänger. Da wir bei den Anhängern sehr viel Papier herausschneiden, ist es wichtig, das Motiv beim Schneiden mit den Fingern der freien Hand zu fixieren. Auch hier: Bitte nie in Richtung der Finger cutten bzw. diese so positionieren, dass nichts passieren kann, falls das Skalpell einmal ausrutscht.

4 Ganz zum Schluss schneidest du entlang der äußeren Linie des Motivs und löst es so von der Papiervorlage.

5 Jetzt noch ein schönes Garn und ein paar Holzperlen auffädeln und ran damit an dein Mitbringsel!

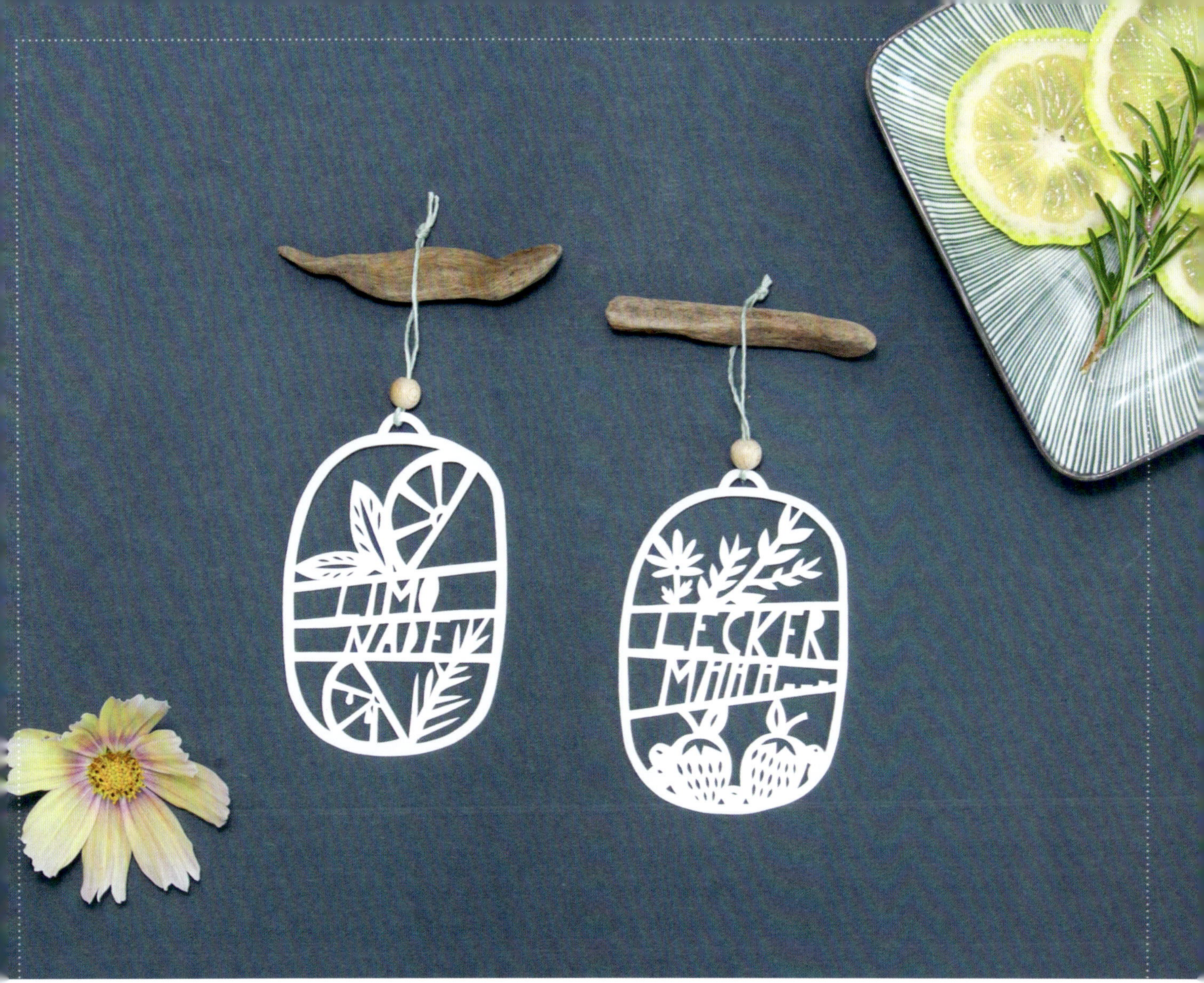

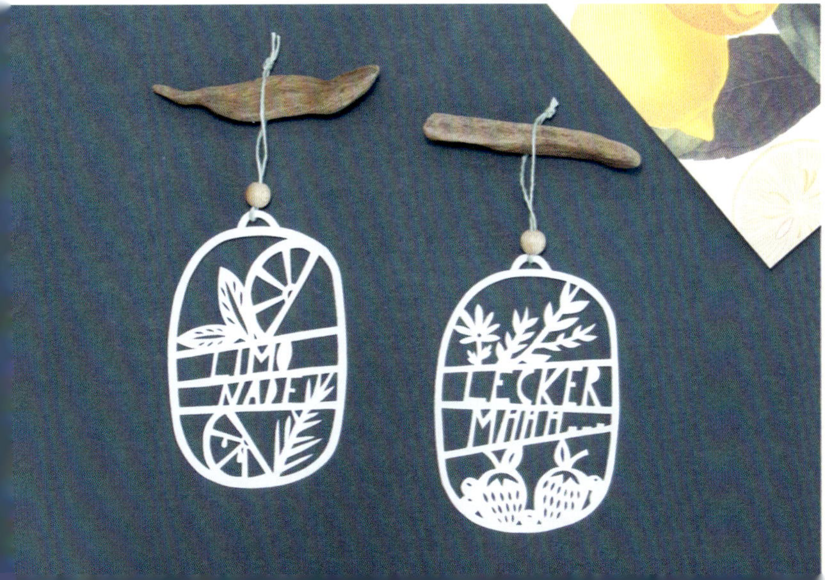

Tipp

Um den Anhänger etwas stabiler zu gestalten, kannst du den fertigen Cut auch auf einen farbigen Karton kleben und diesen auf das Format des Anhängers zuschneiden.

PAPIER-Blätterkranz

Dieses Jahr habe ich mir fest vorgenommen, den Adventskranz mal wieder selbst zu binden – kam in den letzten Jahren leider zu kurz. Die Vorfreude ist groß. Ich habe vorab schon eine kleine Übungsrunde eingelegt und einen frühlingshaften Papier-Kranz gestatet – und bin total beglückt. Was für ein hübsches und zartes Motiv daraus entstanden ist. Hier verbindet sich die Technik des Papierschnitts mit der Collage, Handwerk mit kreativem Gestalten.

WERKZEUG

| Schneidematte
| Schneidemesser / Skalpell
| ggf. Reserve-Klingen
| Rundlocheisen in verschiedenen Größen

MATERIAL

| Motiv-Vorlage (Seite 73)
| alternativ Papier, ca. 120-140 g, säurefrei
| Kleberoller

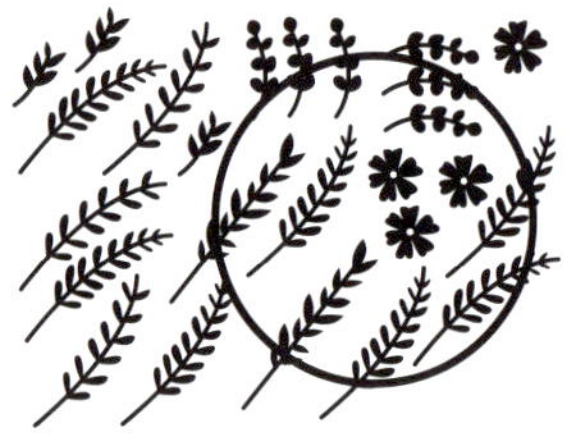

SO GEHT'S

1 Übertrage das Motiv entsprechend der Anleitung auf Seite 12 auf ein Blatt Papier oder verwende die Original-Vorlage im hinteren Teil des Buchs.

2 Starte nun damit, den Ring auszuschneiden, der die Basis für deinen Kranz bildet. Hier startest du mit dem innenliegenden Kreis, im nächsten Schritt dann mit der äußeren Kreislinie.

3 Schneide nun die Zweige, Äste und Blumen nacheinander aus und löse diese von der Papiervorlage.

4 Wenn du alle einzelnen Motive vor dir liegen hast, kannst du nun mit der Collage beginnen. Ordne die Zweige, Äste und Blumen schon mal grob an, verschiebe, ordne neu, bis du mit deinem Ergebnis zufrieden bist.

5 Jetzt kannst du damit beginnen, die Einzelteile auf dem Ring mithilfe eines Kleberollers zu fixieren.

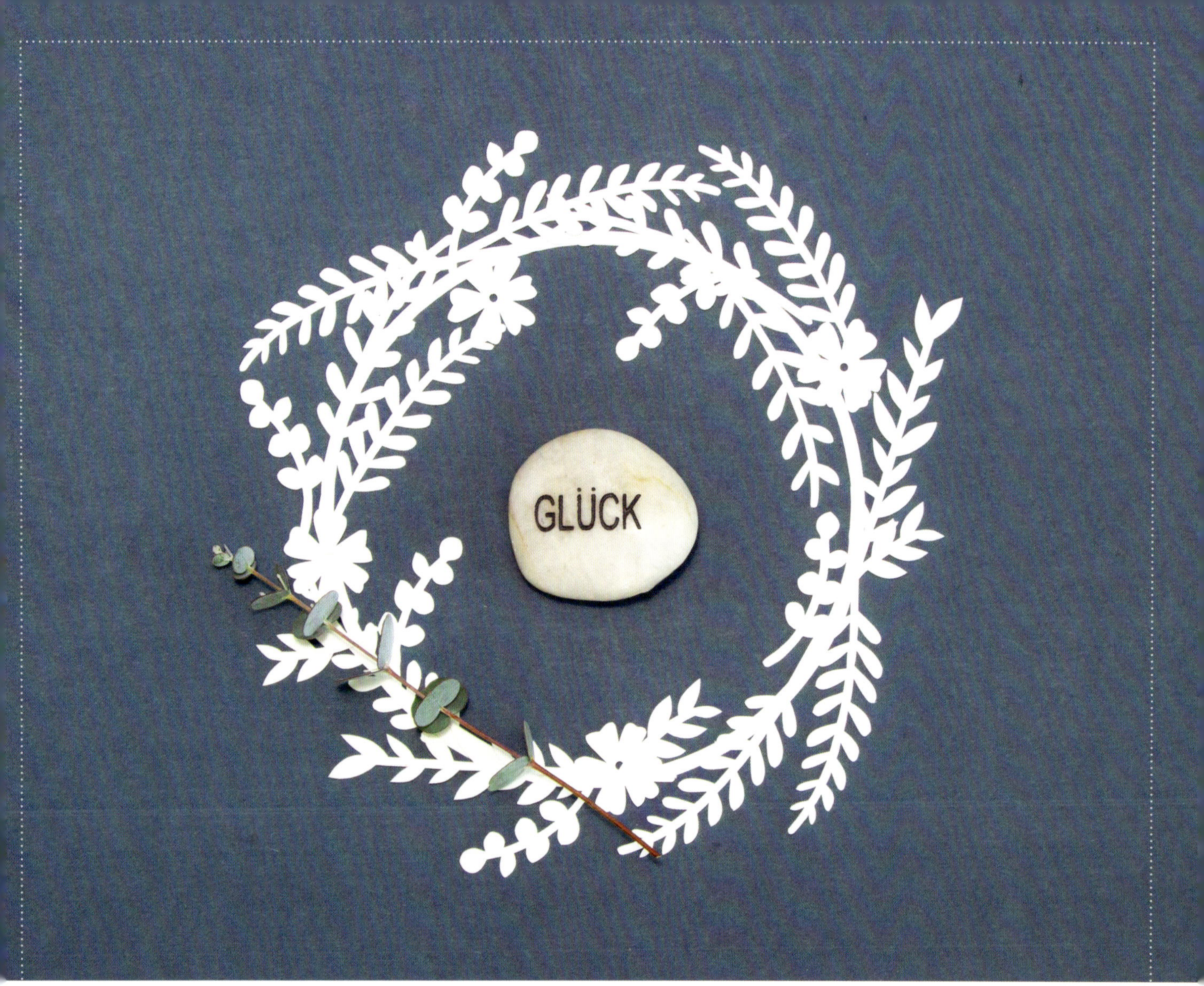

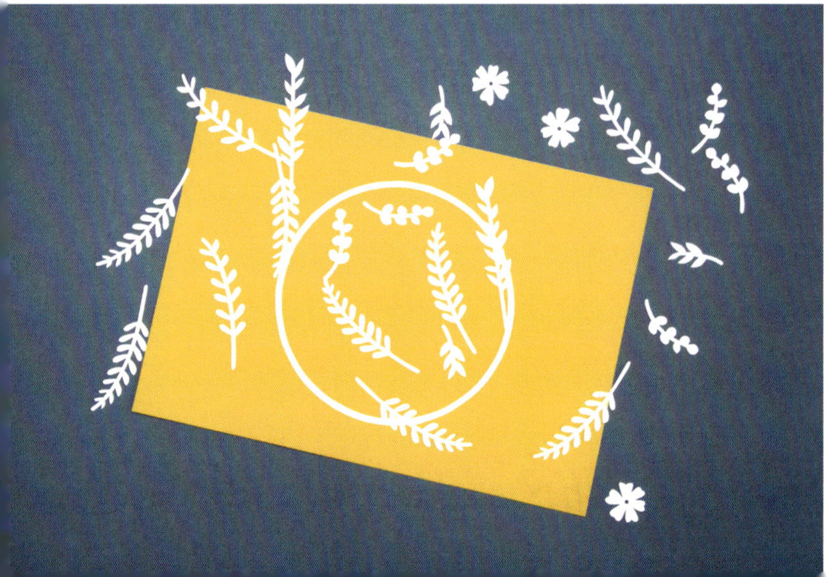

Tipp

Gerne kannst du noch weitere Zweige und Blüten auf einem Stück Papier illustrieren und ausschneiden. So kannst du den Kranz ganz nach deinen Ideen und Wünschen gestalten.

GUTEN-MORGEN-Kaffee

Der Guten-Morgen-Kaffee – auf eine gewisse Art und Weise „überlebenswichtig", zumindest für eine Mama mit zwei kleinen Kindern, der ein oder anderen schlaflosen Nacht und trubeligem Alltag. Meine Lieblingstasse erhöht die Vorfreude auf das fein duftende Getränk, mit dem phänomenalen Booster-Effekt für meine Seele. Der Papierschnitt ist eine Liebeserklärung an den Morgen und an den nicht wegzudenkenden ersten Kaffee des Tages.

WERKZEUG

- Schneidematte
- Schneidemesser/Skalpell
- ggf. Reserve-Klingen
- Rundlocheisen in verschiedenen Größen

MATERIAL

- Motiv-Vorlage (Seite 77)
- alternativ Papier, ca. 120-140 g, säurefrei

SO GEHT'S

1 Übertrage das Motiv entsprechend der Anleitung auf Seite 12 auf ein Blatt Papier oder verwende die Original-Vorlage im hinteren Teil des Buchs.

2 Beginne damit, die Linien rund um die Blumen und Blätter zu schneiden, damit behält das Motiv etwas länger seine Stabilität.

3 Erst im zweiten Schritt kannst du nun auch die Linien entlang der Innenseite der Tasse cutten und vorsichtig herauslösen. Arbeite dich hier von links nach rechts vor.

4 Schneide nun den oberen Bereich der Tasse aus – den „Kaffee" sozusagen.

5 Nun kannst du mit dem Skalpell entlang der äußeren Linie cutten und das Motiv von der Vorlage lösen.

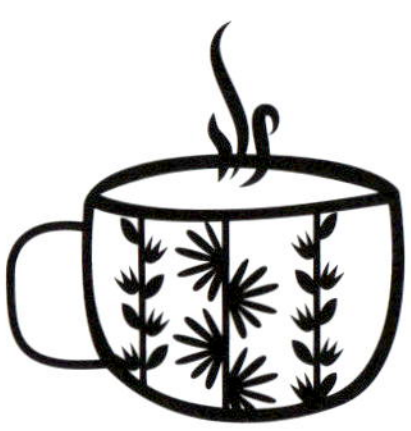

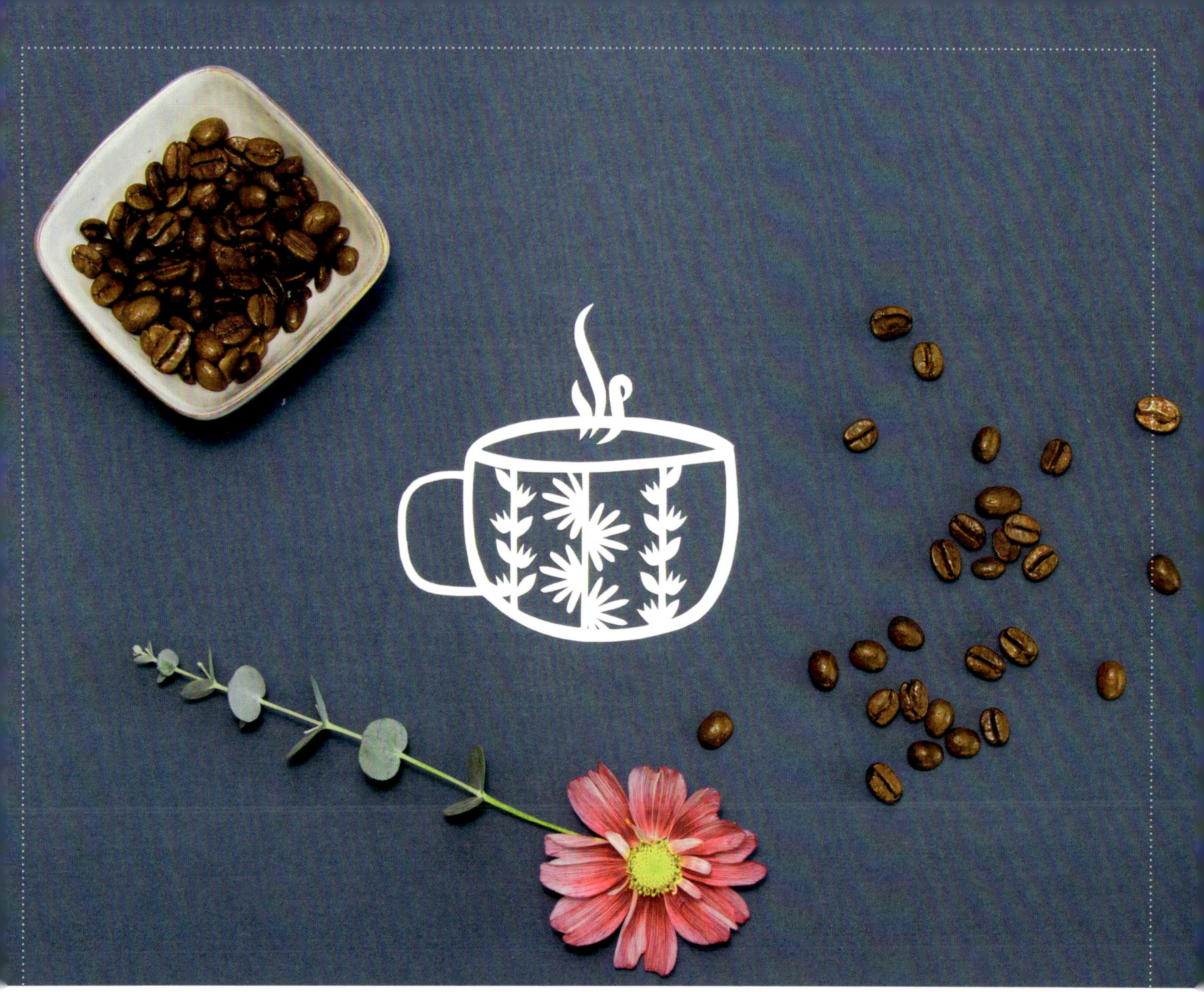

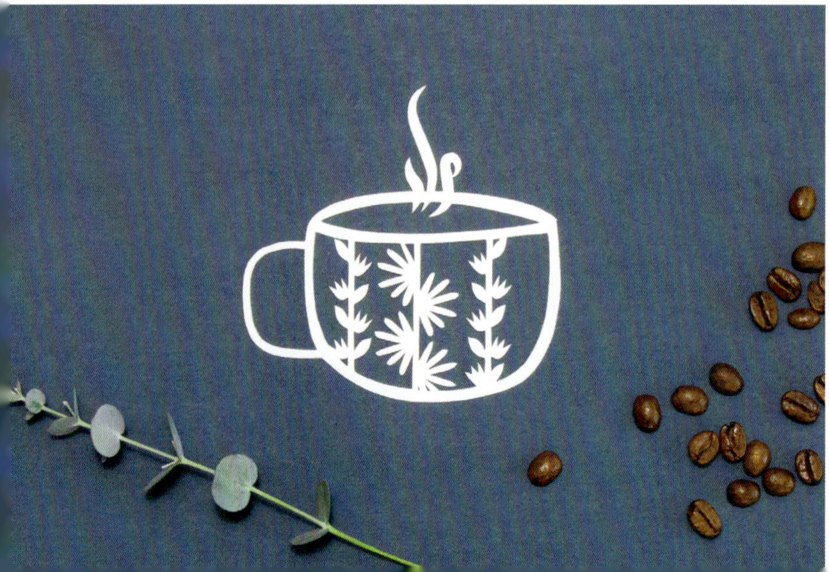

Tipp

Ich habe die kleine Tasse in einem feinen Eichenholzrahmen platziert und in der Küche aufgehängt. Das Motiv eignet sich aber auch als Anhänger auf einer Einladungskarte zum Nachmittagskaffee, dazu ein Band durchfädeln und auf der Karte anbringen.

DER GESCHMACK VON *Birnen*

Der Duft von frisch gebackener Birnentarte, die ersten bunten Blätter, das eindrückliche Licht der Spätsommersonne: Der Herbst steht vor der Tür. Und mit ihm viele besondere Rituale, die dieser Jahreszeit vorbehalten sind. Als kleine Einstimmung darauf habe ich dir drei verschiedene Birnenmotive illustriert und als Papercut-Vorlage vorbereitet. Damit lässt sich ein schönes Herbstbild im Rahmen gestalten oder aber auch liebevolle Postkarten, um einen herbstlichen Gruß an liebe Menschen zu versenden.

WERKZEUG

- Schneidematte
- Schneidemesser/Skalpell
- ggf. Reserve-Klingen
- Rundlocheisen in verschiedenen Größen

MATERIAL

- Motiv-Vorlage (Seite 77)
- alternativ Papier, ca. 120-140 g, säurefrei
- Kleberoller
- Karten in verschiedenen Farben

optional: Stickgarn

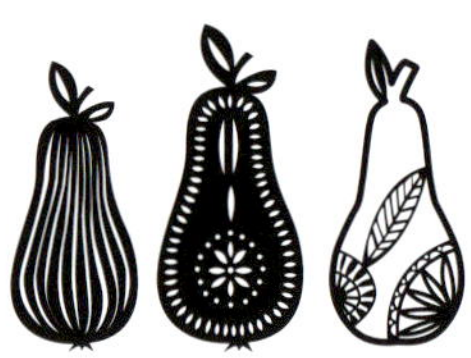

SO GEHT'S

1 Übertrage das Motiv entsprechend der Anleitung auf Seite 12 auf ein Blatt Papier oder verwende die Original-Vorlage im hinteren Teil des Buchs.

2 Konzentriere dich jeweils auf eine der Birnen und starte damit, die innenliegenden Muster herauszuschneiden. Starte jeweils mit dem Schneiden der kleinsten Elemente, damit das Motiv möglichst lange seine Stabilität behält.

3 Gerade bei dem Birnenmotiv mit den feinen langen Linien, solltest du das Papier im Bereich, in dem du schneidest, sehr gut mit den Fingern der freien Hand fixieren. Achte jedoch darauf, mit dem Messer nie in Richtung deiner Finger zu schneiden! Das kann gefährlich werden.

4 Wenn du alle Formen und Muster innerhalb der Birnenmotive geschnitten und herausgelöst hast, kannst du den Cut durch Schneiden entlang der Außenlinie von der Vorlage trennen. Gehe dabei vorsichtig vor und versuche nie zu reißen. Es wäre schade, wenn auf der Zielgeraden doch noch etwas schiefgeht.

5 Die unterschiedlichen Motive lassen sich nun mit wenigen Klebepunkten auf einer farbigen Postkarte fixieren.

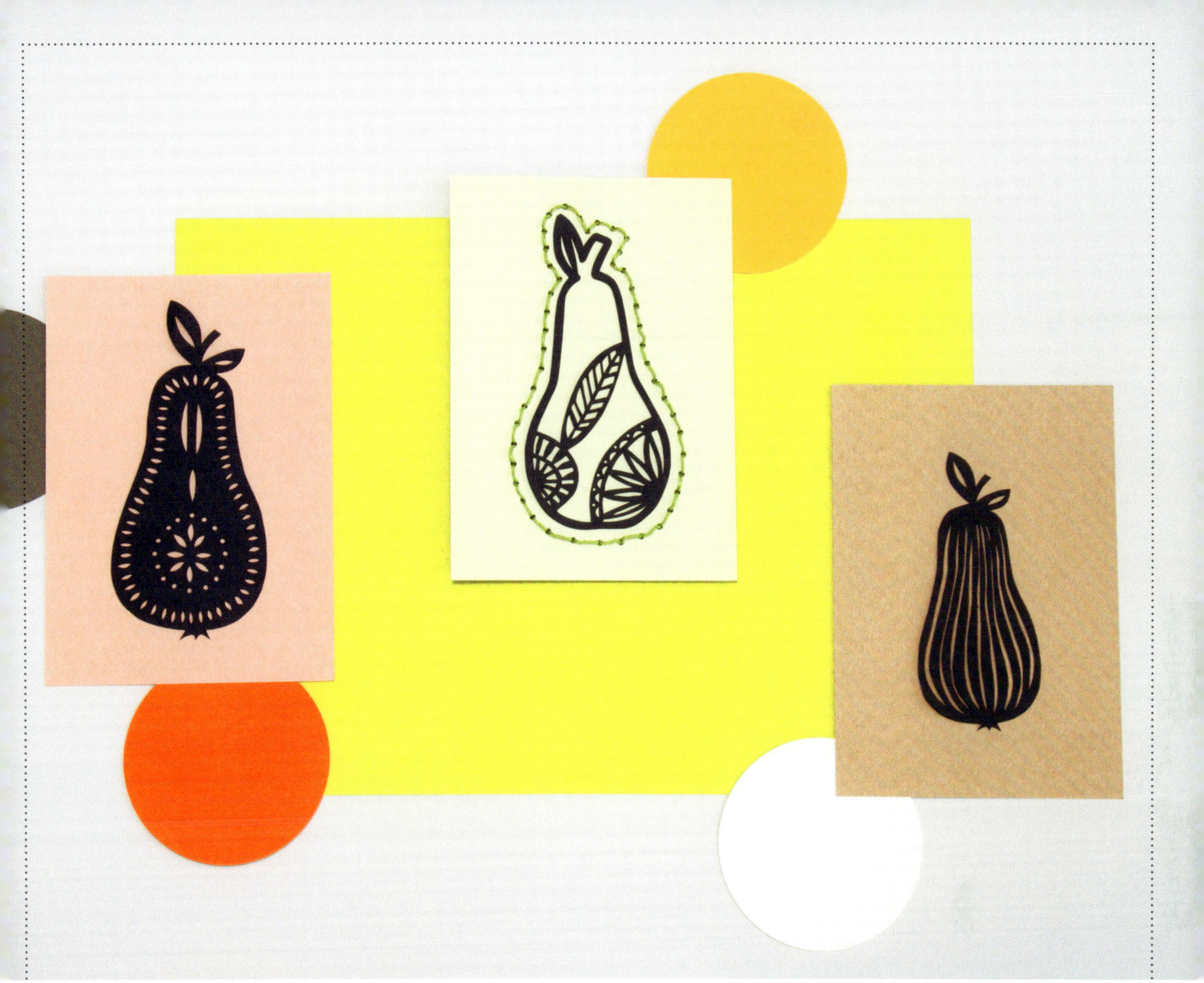

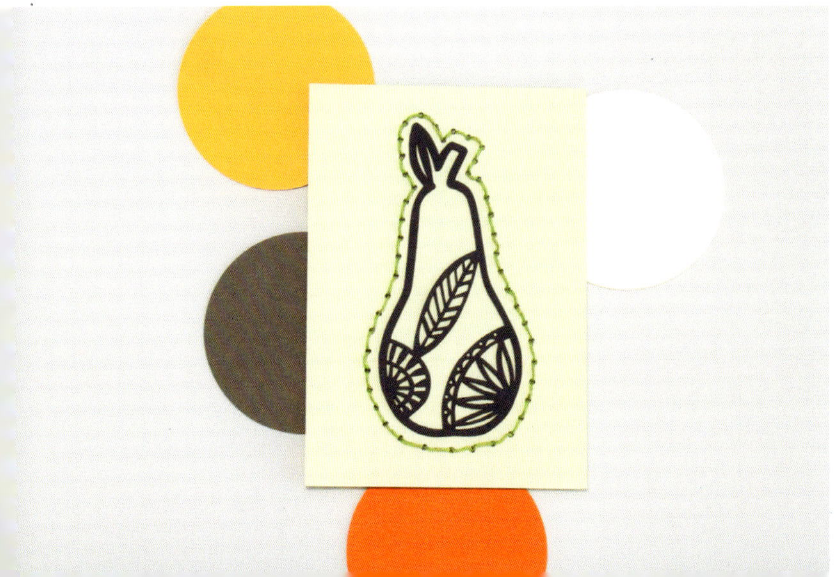

Tipp

Um dem Ganzen noch das gewisse Etwas zu verleihen, habe ich mit einem Rundlocheisen kleine Kreise in die Karte entlang der Außenlinie der Birne gestanzt und diese mit buntem Garn bestickt. Ein, wie ich finde, wunderschöner Effekt.

Fischlein

Ein schönes Motiv für viele Anlässe. Das kleine Fisch-Mobile kann nicht nur eine freudige Einstimmung auf den nächsten Sommerurlaub sein, es bietet sich auch wunderbar als persönliches Geschenk zur Taufe oder Kommunion an. Bei ganz viel Zeit und Muße kann man auch noch weitere Motive dazunehmen und auf diese Art eine Girlande basteln, die an Sommertagen lustig im Wind schaukelt.

WERKZEUG

- Schneidematte
- Schneidemesser/Skalpell
- ggf. Reserve-Klingen
- Rundlocheisen in verschiedenen Größen

MATERIAL

- Motiv-Vorlage (Seite 69)
- alternativ Papier, ca. 120-140 g, säurefrei
- Garn
- Holzperlen

optional: Ast oder Metallring zur Befestigung

SO GEHT'S

1 Übertrage das Motiv entsprechend der Anleitung auf Seite 12 auf ein Blatt Papier oder verwende die Original-Vorlage im hinteren Teil des Buchs.

2 Fange wie gehabt mit den kleinsten Mustern und Formen der Fischschuppen an – den Blüten, Blättern, Augen und kleinen Kreise. Letztere kannst du schnell und sauber mit dem Rundlocheisen ausstanzen.

3 Im nächsten Schritt schneidest du die etwas größeren Elemente wie Äste und Linien heraus. Denke daran, den Papercut gut mit der freien Hand zu fixieren.

4 Wenn du alle innenliegenden Muster und Formen ausgeschnitten hast, kannst du nun entlang der Außenlinie der Fische schneiden und die Motive von der Vorlage lösen. Sollte der Schnitt an der ein oder anderen Stelle noch nicht ganz vom Papier getrennt sein, setze das Skalpell nochmals punktuell an, um das Motiv zu lösen. Auf keinen Fall reißen!

5 Nun kannst du die Fische auf ein schönes Garn fädeln und an einen kleinen Ast hängen. Schön schaut es aus.

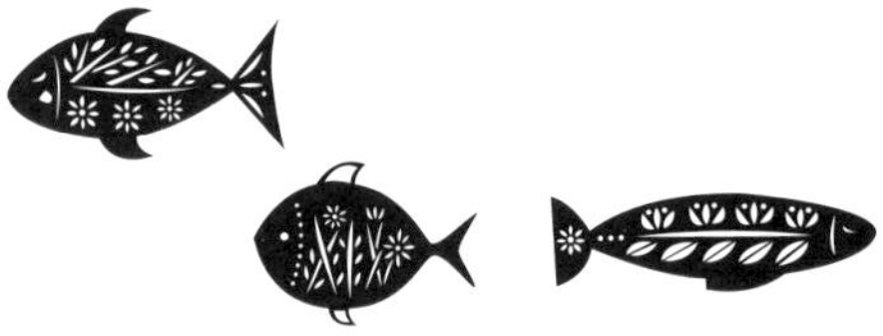

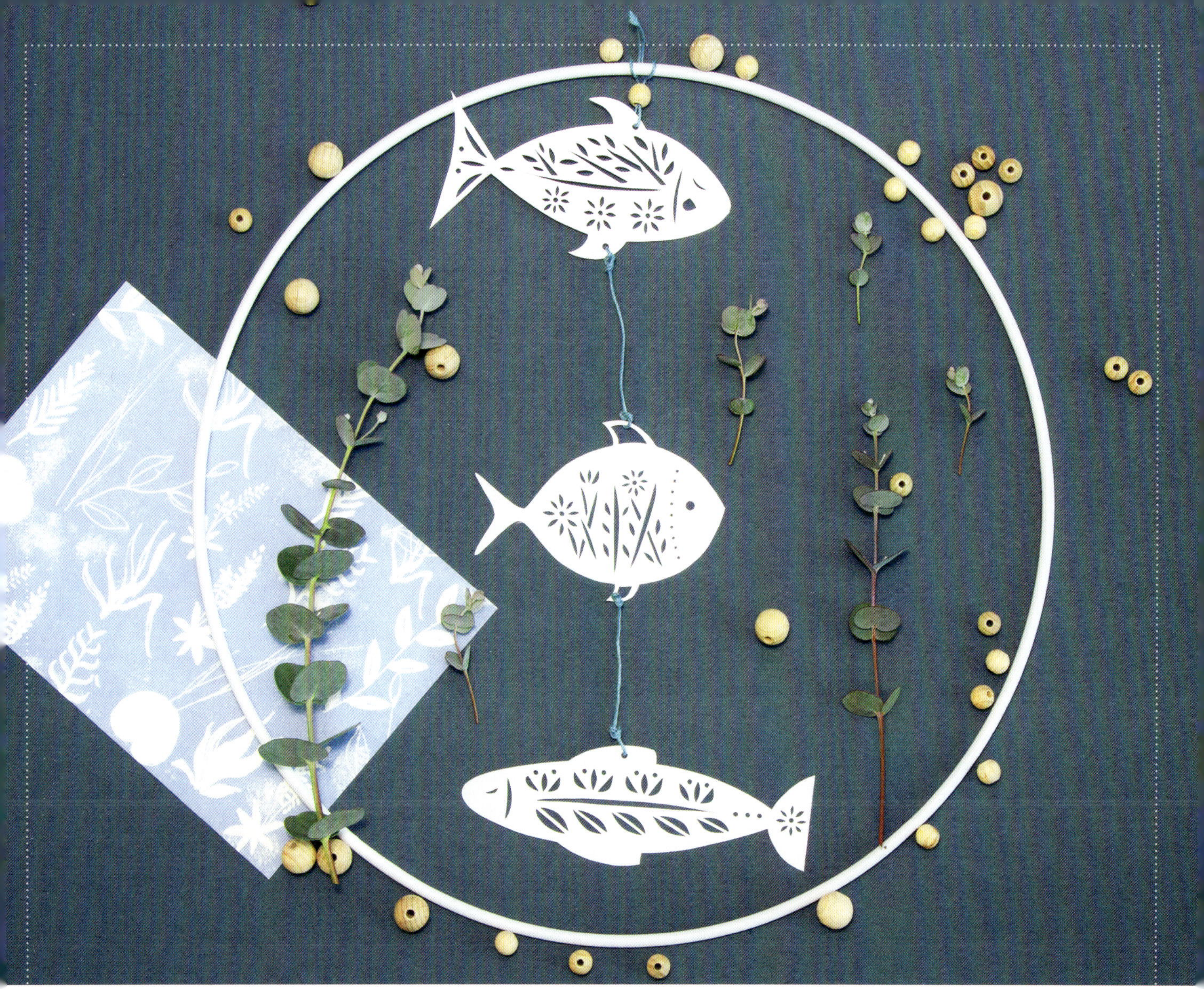

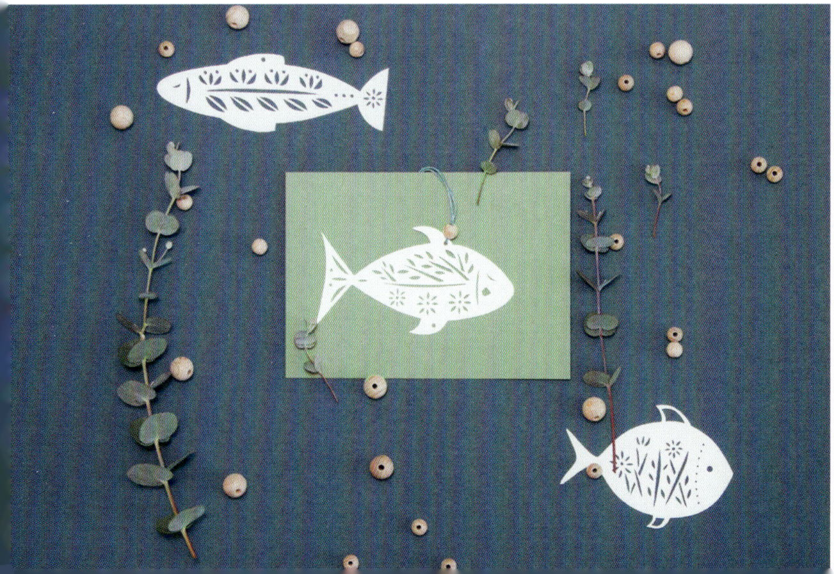

Tipp

Das Motiv lässt sich auch schön als Taufkarte gestalten. Hierfür einen oder mehrere Fische auf einen farbigen Karton kleben und ggf. noch mit ein paar runden Papierkreisen (als Luftblasen) verzieren.

Baum des Lebens

Wenn ich aus dem Fenster schaue, blicke ich auf eine große Eiche, solitär, inmitten einer Wiese. Dort steht sie bei Sonne und Regen, durchläuft die Jahreszeiten, trotzt Wind, Schnee und Hagel und strahlt eine Ruhe aus, die einen in ihren Bann zieht. Sie ist Heimat für Insekten, Vögel und die Kühe, die unter ihrem Bätterdach im Sommer Kühle und im Herbst Schutz vor dem Regen suchen. Sie ist Sinnbild für das Leben. Dieser Papercut ist eine kleine Liebeserklärung an einen kraftvollen Baum, der mich jeden Tag aufs Neue fasziniert.

WERKZEUG

| Schneidematte
| Schneidemesser/Skalpell
| ggf. Reserve-Klingen
| Rundlocheisen

MATERIAL

| Motiv-Vorlage (Seite 79)
| alternativ Papier, ca. 120-140 g, säurefrei
| Garn
| Holzperlen
| kleiner Treibholzast

SO GEHT'S

1 Übertrage das Motiv entsprechend der Anleitung auf Seite 12 auf ein Blatt Papier oder verwende die Original-Vorlage im hinteren Teil des Buchs.

2 Starte damit, die Blätter und Blüten zu schneiden und aus der Vorlage zu lösen. Danach folgen die kleinen Äpfel und der freche Vogel.

3 Cutte im nächsten Schritt die feinen Äste des Baums und achte darauf, auf der geraden Linie zu bleiben.

4 Nehme nun das Rundlocheisen zur Hand (alternativ eine Nadel) und löse die kleinen Kreise aus der Mitte der Blüten.

5 Zu guter Letzt schneidest du entlang der Außenlinie und trennst das Motiv vorsichtig von der Papiervorlage.

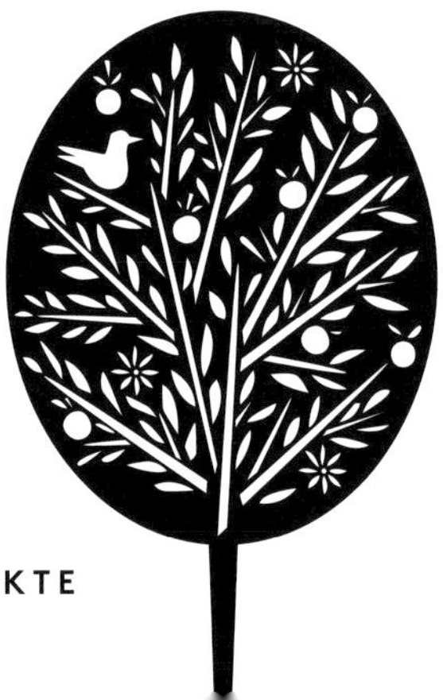

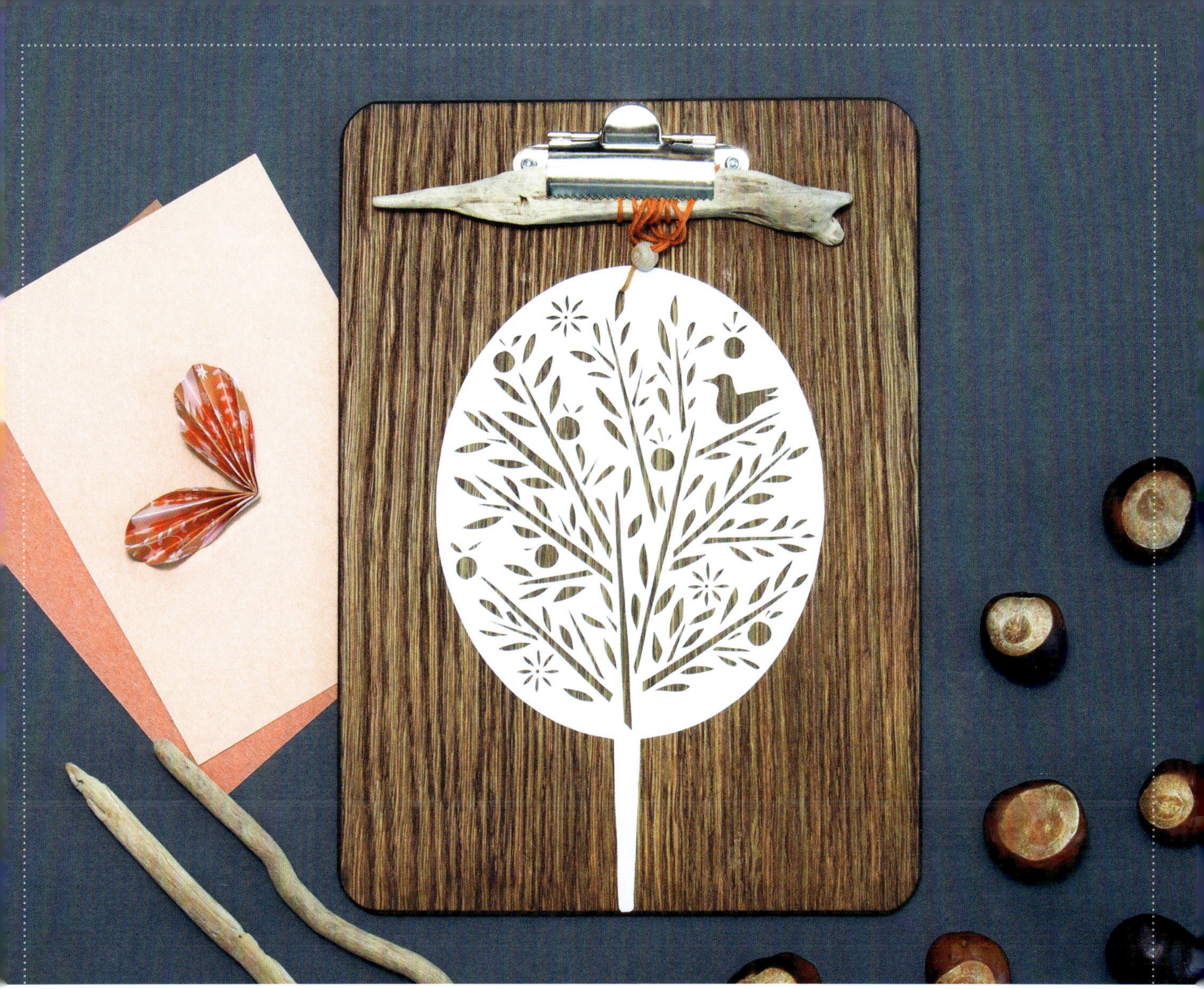

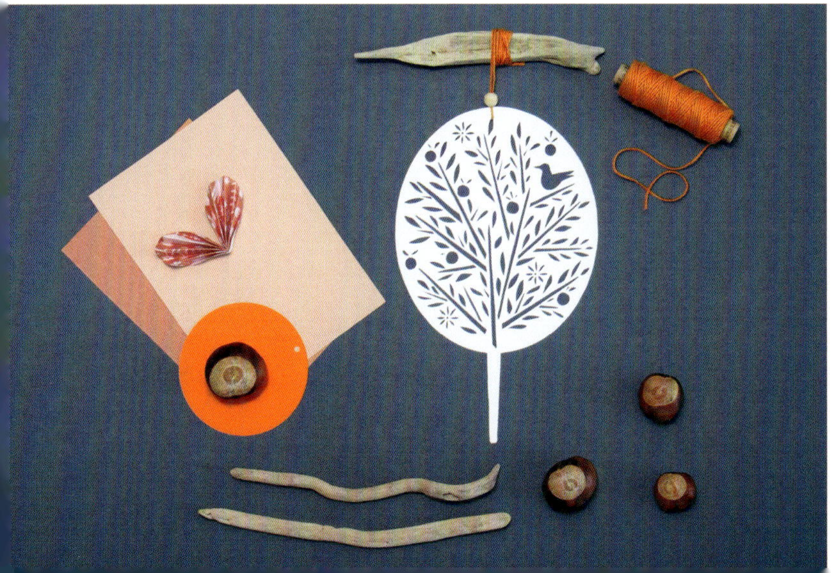

Tipp

Weil ich das Motiv so sehr mag, habe ich den Baum in einem schönen schlanken Rahmen dekoriert. Aber auch als Fensterbild kommt es wunderbar zur Geltung.

WANDBILD

KRANZ DER *Poesie*

Der Zauber der Worte ist ein ganz besonderer. Leider verwaist unsere Sprache aufgrund von Zeitdruck im Alltag und der allgemeinen Textreduktion in den Sozialen Medien immer mehr, was mich traurig stimmt. Darum gebe ich Worten und Texten von Zeit zu Zeit wieder die Präsenz, die sie verdient haben. Entweder in Form von Gedanken in meinen Silhouetten-Schnitten, aber auch wie hier dargestellt umrahmt von einem zarten dreidimensionalen Blätter- und Blütenkranz. Ein Augenblick des Innehaltens und Bewusstwerdens. Wie kostbar.

WERKZEUG

- Schneidematte
- Schneidemesser/Skalpell
- ggf. Reserve-Klingen
- Rundlocheisen in verschiedenen Größen

MATERIAL

- Motiv-Vorlage (Seite 81)
- alternativ Papier, ca. 120-140 g, säurefrei

optional: Garn und Sticknadel

SO GEHT'S

1 Übertrage das Motiv entsprechend der Anleitung auf Seite 12 auf ein Blatt Papier oder verwende die Original-Vorlage im hinteren Teil des Buchs.

2 Beginne damit, die grau gefärbten Bereiche der Vorlage zu cutten bzw. die kleinen Kreise mithilfe des Rundlocheisens zu stanzen.

3 Schneide nun die feinen grauen Linien entlang der Blätter und Blüten. Denk daran, dass bei dieser Form des Papierschnitts die meisten Elemente nicht komplett herausgeschnitten werden, sondern lediglich angeschnitten sind. So hast du die Möglichkeit, die dreidimensionale Anmutung zu erhalten.

4 Wenn du alle Linien geschnitten hast, kannst du das Blatt umdrehen und Blätter und Blüten mit der Spitze des Skalpells leicht und vorsichtig nach oben biegen. So entsteht nun der dreidimensionale Effekt des Kranzes.

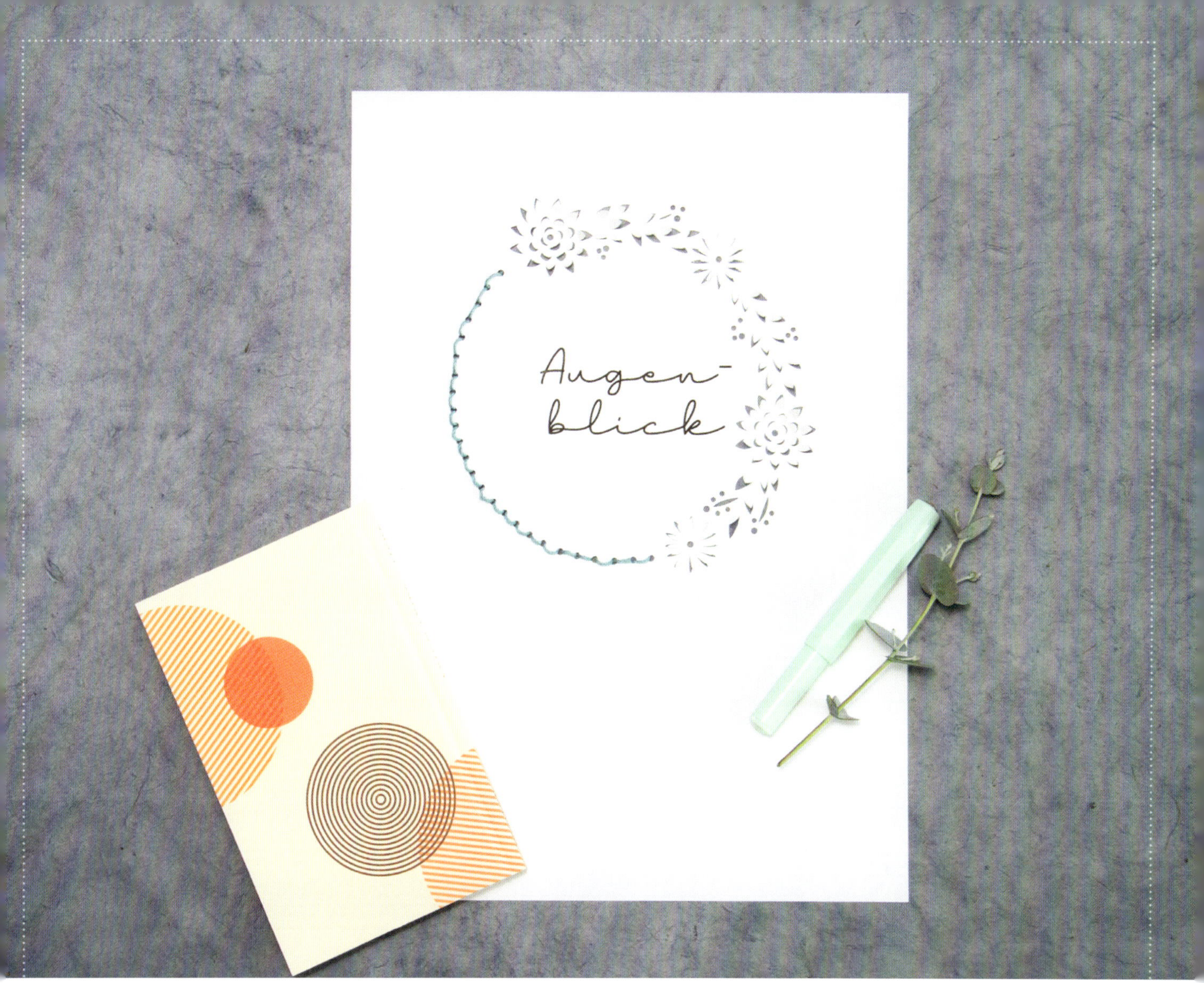

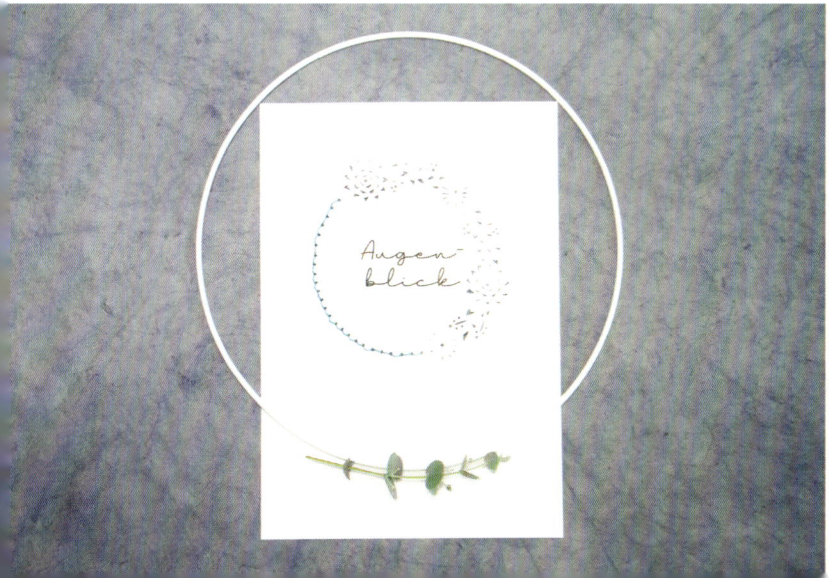

Tipp

Die kleinen Kreise auf der linken Seite des Kranzes bieten sich zum Besticken mit einem Geradstich an. Das gibt dem Motiv nochmals eine besondere Note. Verwende die Vorlage für dein ganz eigenes Handlettering oder auch Gedicht.

DIE ANMUT DES *Schmetterlings*

Inspiriert durch ein Buch von Maria Sybilla Merian, einer Naturforscherin und Künstlerin aus dem 17. Jahrhundert, die sich mit Schmetterlingen beschäftigte, habe ich mich an einem sonnigen Tag in den Garten gesetzt, um Flug und Anmut der Schmetterlinge zu beobachten. Ein paar dieser Eindrücke habe ich eingefangen und illustriert. Als Papercut lassen sie sich als Girlande, Anhänger oder Fensterbild einsetzen, bei uns zu Hause sind sie überall willkommen.

WERKZEUG

- Schneidematte
- Schneidemesser/Skalpell
- ggf. Reserve-Klingen
- Rundlocheisen in verschiedenen Größen

MATERIAL

- Motiv-Vorlage (Seite 83)
- alternativ Papier, ca. 120-140 g, säurefrei
- Garn
- Holzperlen
- kleiner Ast zum Aufhängen

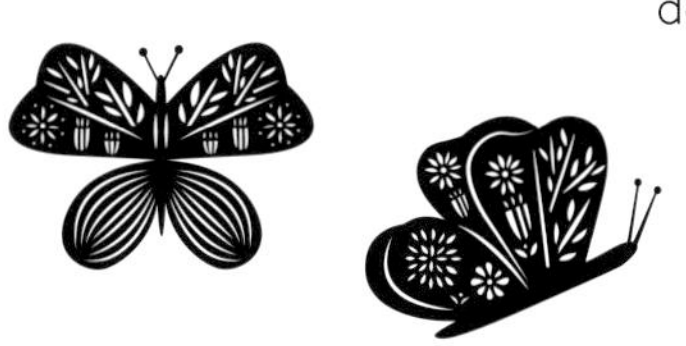

SO GEHT'S

1 Übertrage das Motiv entsprechend der Anleitung auf Seite 12 auf ein Blatt Papier oder verwende die Original-Vorlage im hinteren Teil des Buchs.

2 Beginne damit, die kleinsten Muster und Elemente (Blätter, Blüten) in den beiden Schmetterlingen herauszuschneiden. Achte darauf, so gut als möglich auf den Linien zu bleiben, da ein paar der Elemente sehr nah beieinanderstehen und man sehr leicht auch mal etwas weiter schneidet als gedacht.

3 Nun kannst du die feinen Linien und Äste cutten. Fixiere dabei das Motiv mit den Fingern deiner freien Hand.

4 Stanze im nächsten Schritt die kleinen Kreise mit einem Rundlocheisen heraus. Alternativ lässt sich für die kleinen Löcher auch eine dickere Nadel verwenden.

5 Zum Schluss schneidest du konzentriert entlang der äußeren Linie der beiden Schmetterlinge und löst sie von der Papiervorlage. Pass auf, dass der Wind sie nicht davonträgt.

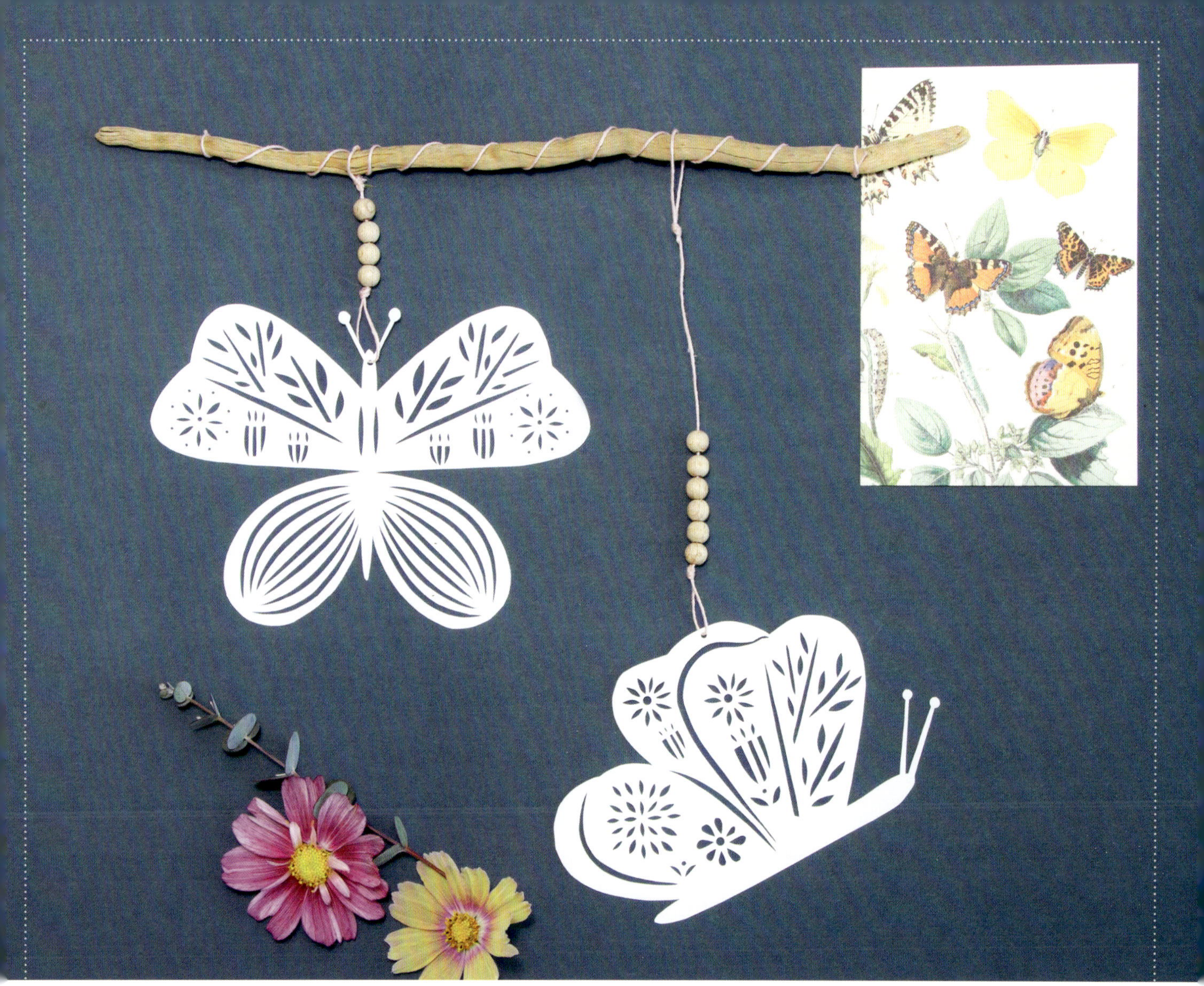

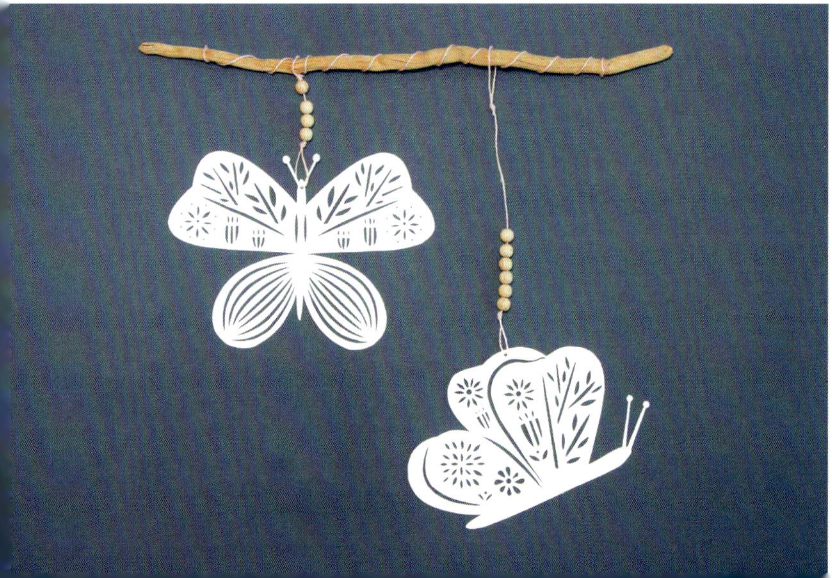

Tipp

Für eine Girlande kannst du die Schmetterlinge auch mehrfach und auch in verschiedenen Farben schneiden. Ein wunderhübsches Deko-Element, das sich den gesamten Sommer über sehen lässt.

NOSTALGISCHE Badewanne

Das Motiv geht mir einfach nicht mehr aus dem Kopf. Die alte Badewanne im Prinzessinnengarten in Berlin. Überwuchert von zahlreichen Pflanzen und Blumen, ein Symbol für die Natur inmitten der großen Stadt. Ob es die Wanne heute noch dort gibt, weiß ich nicht. Aber festhalten wollte ich das Bild in meinem Kopf schon so lange, und hier ist es nun. Ich hoffe, es gefällt dir, auch wenn es nicht ganz so einfach zu schneiden ist.

WERKZEUG

| Schneidematte
| Schneidemesser/Skalpell
| ggf. Reserve-Klingen
| Rundlocheisen in verschiedenen Größen

MATERIAL

| Motiv-Vorlage (Seite 85)
| alternativ Papier, ca. 120-140 g, säurefrei
| Garn
| Holzperlen
| Metallring
| kleine Zweige und Blumen zum Dekorieren

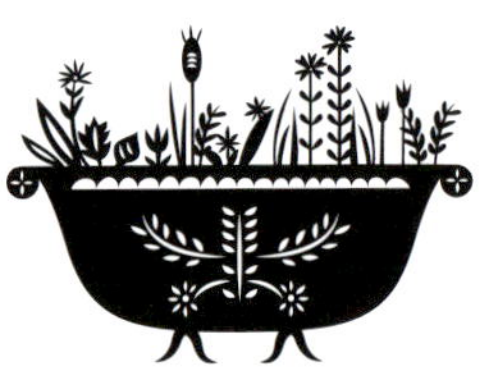

SO GEHT'S

1 Übertrage das Motiv entsprechend der Anleitung auf Seite 12 auf ein Blatt Papier oder verwende die Original-Vorlage im hinteren Teil des Buchs.

2 Beginne damit, die kleinen Muster aus der Badewanne zu cutten.

3 Anschließend solltest du die kleinen Kreise aus den Blüten der Blumen stanzen und die kleinen Muster aus den Blättern entfernen. Jetzt hat das Motiv noch die meiste Stabilität.

4 Für den nächsten Schritt solltest du dir etwas Zeit nehmen und dich konzentrieren, denn das Schneiden der Pflanzen erfordert doch etwas Geduld. Arbeite lieber langsamer und dafür sauber, es zahlt sich am Ende aus. Beginne auf der rechten Seite und arbeite dich vorsichtig nach links durch. Vergiss nicht, das Papier im Bereich, in dem du schneidest, mit der freien Hand gut zu fixieren.

5 Wenn du die Pflanzen fertig geschnitten hast, cutte weiter entlang der äußeren Linie der Badewanne. Nun solltest du einmal rundum sein und der Schnitt sollte sich von der Vorlage lösen lassen. Gehe dabei ebenso vorsichtig um wie beim Schneiden. Die Pflanzen sind recht zart.

Nun hast du es geschafft! Gratulation!

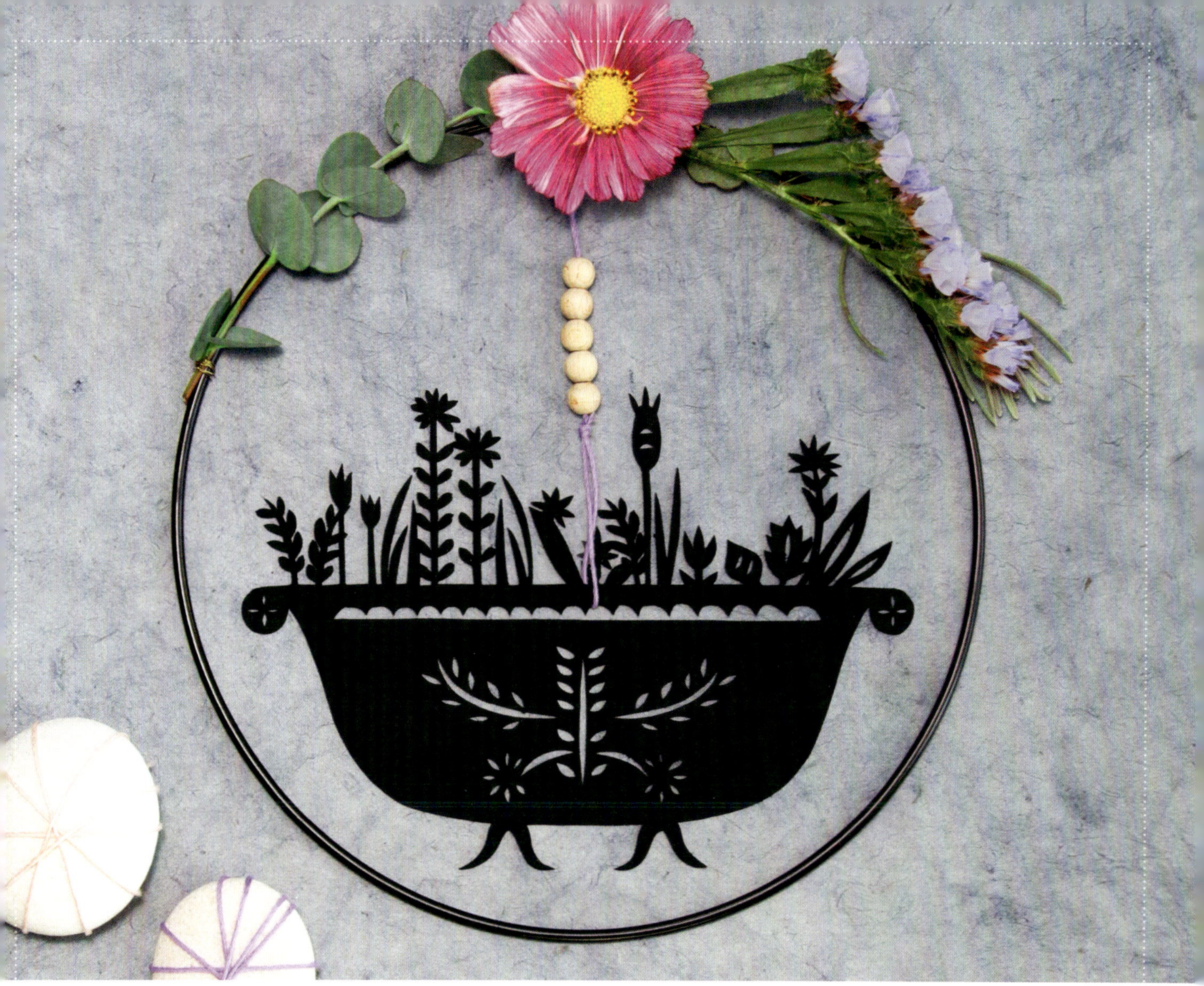

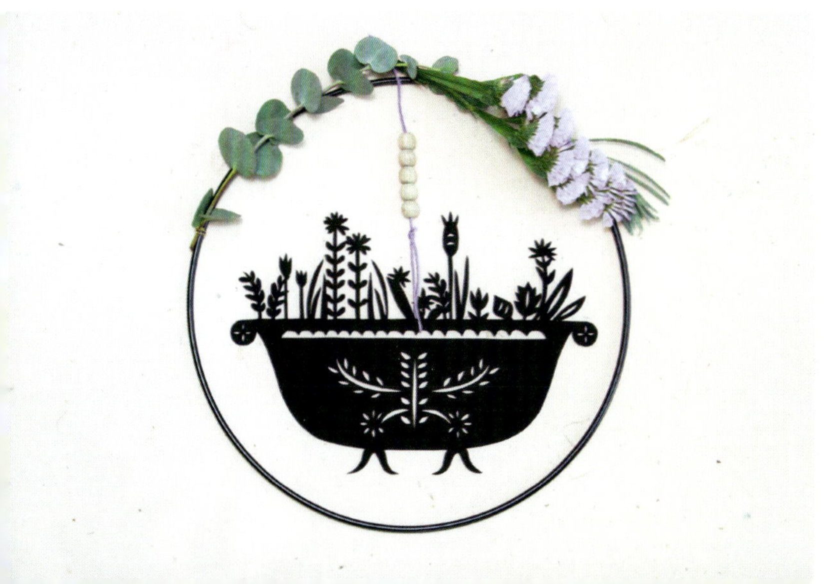

Tipp

Bei so zarten Motiven kann es sein, dass aus Versehen ein Blatt oder Stiel reißt. Das ist kein Problem. Man kann kleine Ausreißer gut mit Tesa fixieren. Wenn das Motiv in einem Rahmen dekoriert oder auf einen Karton geklebt wird, fällt das nicht mehr auf.

Blumenwiese

Daheim vergeht kaum ein Abend, an dem wir kein Kerzenlicht entzünden. Die schöne Stimmung, die das Licht verbreitet, ist einfach heilsam. Gerade nach einem aufregend-hektischen Tag. Die kleinen Blumenwiesen-Windlichter zaubern viele kleine Lichtmuster an die Wände und sind durch den 3D-Effekt des Papercuts auch bei Tag ein schöner Hingucker.

WERKZEUG

| Schneidematte
| Schneidemesser / Skalpell
| ggf. Reserve-Klingen
| Rundlocheisen

MATERIAL

| Motiv-Vorlage (Seite 87)
| alternativ Papier, ca. 120-140 g, säurefrei

SO GEHT'S

1 Übertrage das Motiv entsprechend der Anleitung auf Seite 12 auf ein Blatt Papier oder verwende die Original-Vorlage im hinteren Teil des Buchs.

2 Bei dieser Motivvorlage musst du etwas umdenken, da wir nicht wie gewohnt die Muster und Formen komplett ausschneiden, sondern immer einen kleinen Steg stehen lassen, der das Element auf der Papiervorlage fixiert. Das schafft später den 3D-Effekt.

3 Starte damit, an den grauen Linien deiner Motivvorlage entlang zu schneiden. Arbeite vorsichtig, so dass die bereits geschnittenen Muster nicht knicken.

4 Im weiteren Schritt kannst du nun die kleinen Kreise der Blüten mit einem Rundlocheisen ausstanzen.

5 Wenn alle Linien geschnitten sind, cuttest du entlang der Außenlinie und löst das Windlicht von der Papiervorlage.

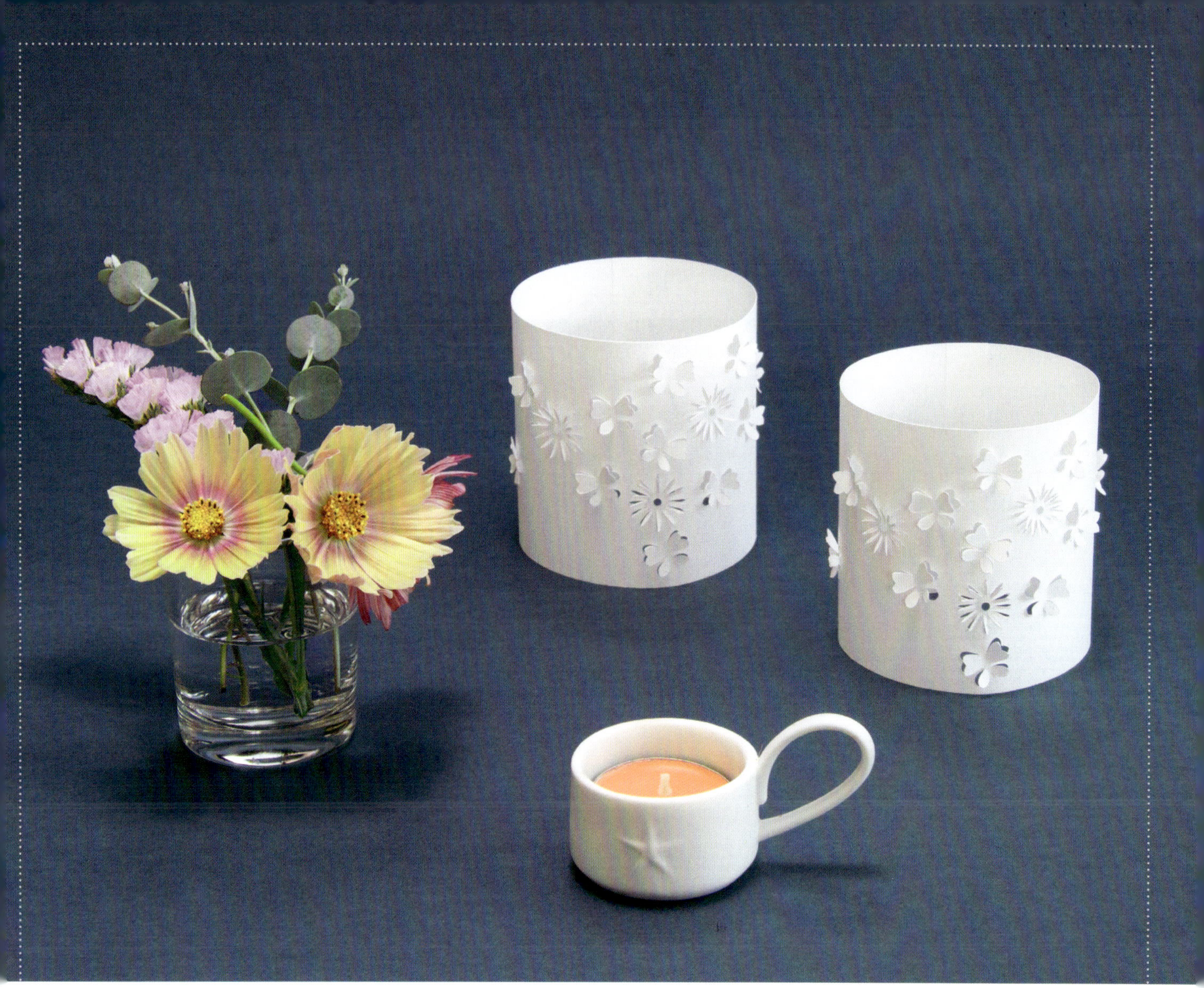

6 Nun drehst du das fertige Motiv um (so, dass die schöne Vorderseite vor dir liegt) und beginnst vorsichtig damit, die Blüten und Schmetterlingsflügel etwas nach außen zu falten. Eine Nadel oder die Spitze deines Skalpells helfen dir dabei, die Elemente anzuheben.

7 Im letzten Schritt bringst du nun an der schmalen Seite des Rechtecks einen Streifen Kleber an und verbindest die beiden Enden so zu einem runden Windlicht.

Tipp

Du kannst die Muster beliebig ausweiten. Auch weitere kleine Kreise, die du mit dem Rundlocheisen in das Motiv stanzt, können zusätzlich schöne Akzente setzen.

Waldtier-Parade

Wo Fuchs und Hase sich Gute Nacht sagen, dürfen wir wohnen. Es vergeht kein Tag, an dem ich nicht dankbar dafür bin. Wir durften am Waldrand hinter dem Haus schon einige der Waldbewohner still und andächtig bewundern. Hoppelnde Hasen, Füchse auf der Jagd, ein Igel, der ums Haus zum Herbstlaub wackelte, der kecke Vogel im Baum. Dabei formte sich in meinem Kopf das Bild der Stadtmusikanten mit unseren Wald-Nachbarn als Akteure.

WERKZEUG

| Schneidematte
| Schneidemesser/Skalpell
| ggf. Reserve-Klingen
| Rundlocheisen in verschiedenen Größen

MATERIAL

| Motiv-Vorlage (Seite 89)
| alternativ Papier, ca. 120-140 g, säurefrei
| Metallring
| Garn
| Holzperlen
| Blätterzweig (z. B. Eukalyptus)

SO GEHT'S

1 Übertrage das Motiv entsprechend der Anleitung auf Seite 12 auf ein Blatt Papier oder verwende die Original-Vorlage im hinteren Teil des Buchs.

2 Starte mit dem Ausschneiden der kleinen Formen und Muster im Fell/Gefieder der Tiere.

3 Danach schneidest du Augen, Schnäuzchen bzw. Schnabel der Waldbewohner und trennst mit dem Rundlocheisen die kleinen Kreise heraus.

4 Ganz am Schluss, wenn alle innenliegenden Formen ausgeschnitten sind, cuttest du entlang der Außenlinie der Tiere und löst sie vorsichtig aus der Papiervorlage heraus.

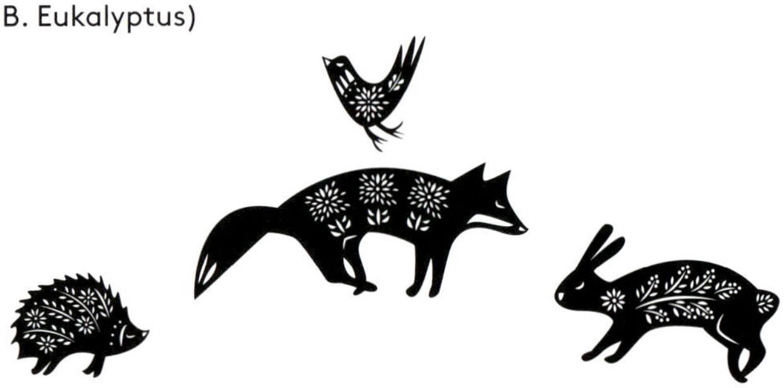

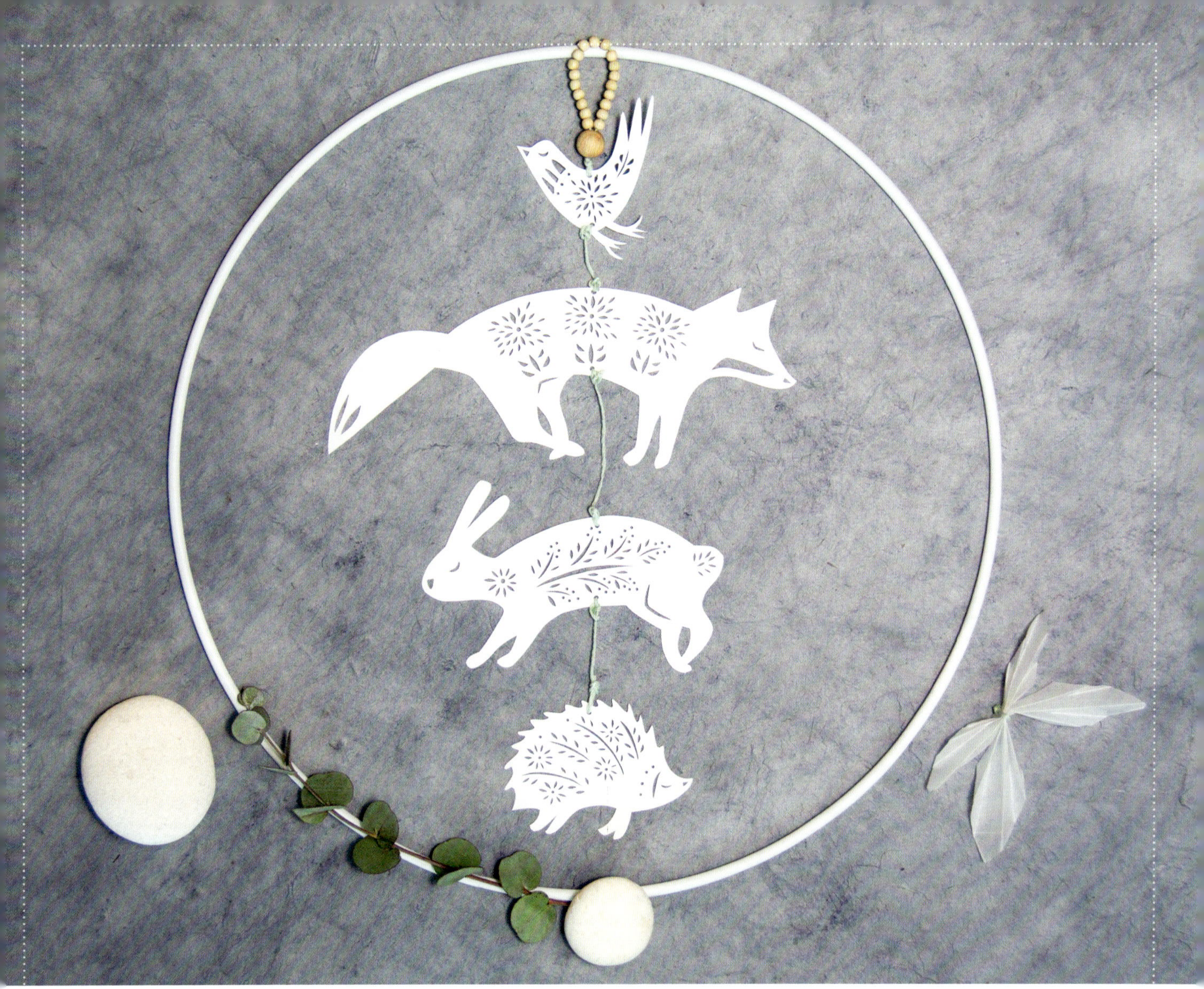

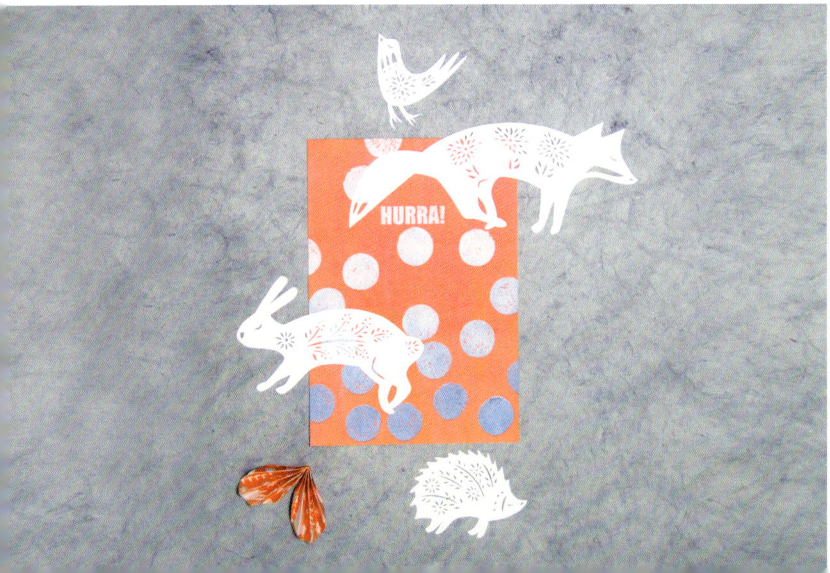

Tipp

Die Waldfreunde lassen sich in ihrer Bewegung ganz unterschiedlich anordnen. Dekoriert in einem Rahmen kann man wunderbare und auch lustige Arrangements finden, wer wem auf der Nase herumtanzt.

DAS RASCHELN DER *Blätter*

Jede Jahreszeit hat ihren Charme; ich liebe sie alle, aber der Herbst bringt seine ganz eigenen Schätze hervor: Kastanien, Eicheln und bunte Blätter. Wir pressen und trocknen sie, dann zieren sie eine Weile einen Objektrahmen. In diesem Jahr kam mir die Idee, unser Arrangement aus Blättern einmal aus Papier zu gestalten. Die Farbe und Struktur des Kraftpapiers in Kombination mit den 3D-Elementen verleiht dem Ganzen einen reduziert-modernen Glanz.

WERKZEUG

| Schneidematte
| Schneidemesser/Skalpell
| ggf. Reserve-Klingen
| Rundlocheisen in verschiedenen Größen

MATERIAL

| Motiv-Vorlage (Seite 91)
| alternativ Papier, ca. 120-140 g, säurefrei

optional: Karten in verschiedenen Farben

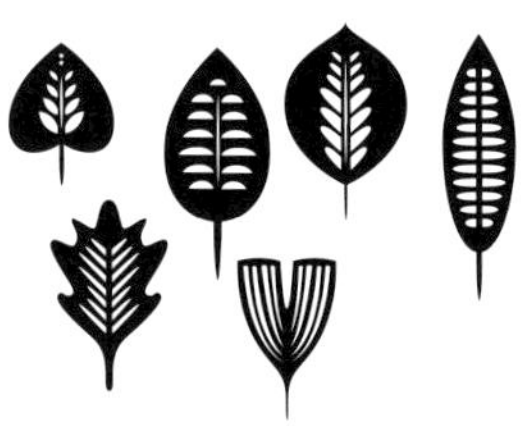

SO GEHT'S

1 Übertrage das Motiv entsprechend der Anleitung auf Seite 12 auf ein Blatt Papier oder verwende die Original-Vorlage im hinteren Teil des Buchs.

2 Arbeite dich nun Blatt für Blatt durch das Gesamt-Arrangement, indem du mit den innenliegenden Elementen der Blätter startest. Achte darauf, bei den 3D-Formen nur auf der vorskizzierten Linie zu schneiden. So lassen sich die Formen später leicht nach außen biegen und erzeugen den gewünschten dreidimensionalen Effekt.

3 Sobald du die Formen und Muster in den Blättern geschnitten und herausgelöst hast, kannst du die Motive nun entlang ihres Umrisses schneiden und vorsichtig aus der Vorlage heben.

4 Im letzten Schritt drehst du nun die Blätter auf die Vorderseite und biegst die dreidimensionalen Strukturen etwas nach oben. Wie schön plastisch das Blatt nun aussieht. Fertig ist dein Kunstwerk.

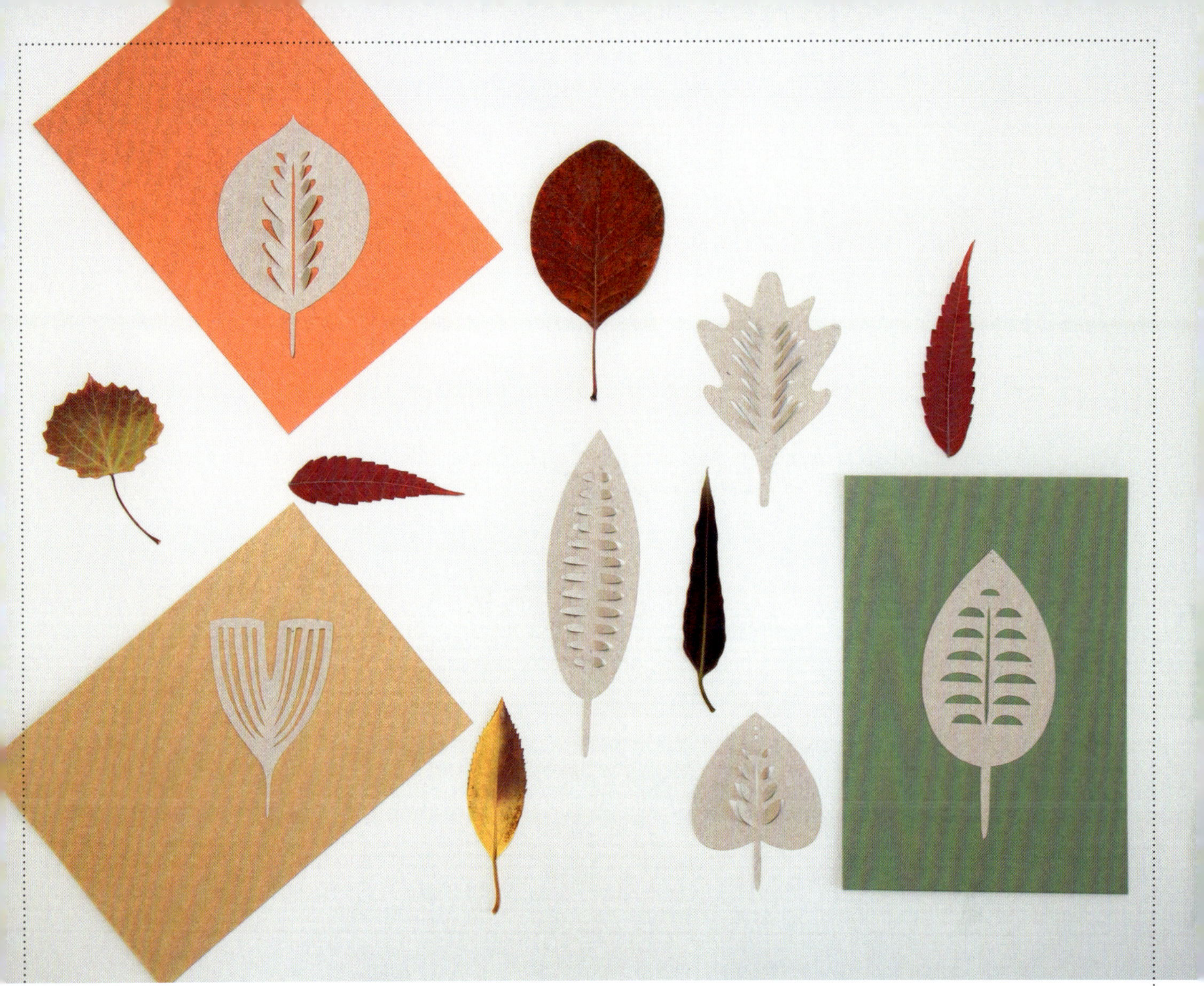

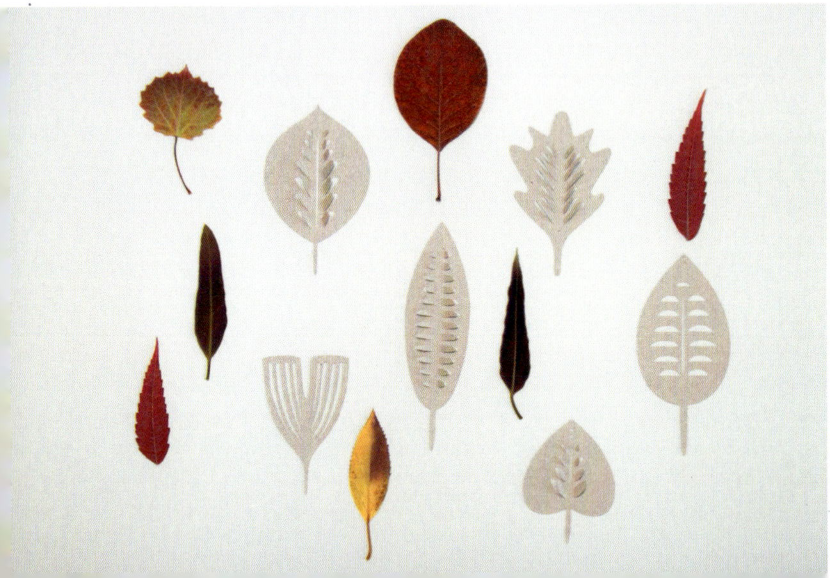

Tipp

Die Blätter lassen sich auf vielfältige Weise dekorieren und verwenden. Ob als einzelner Anhänger an einem Geschenk, als Girlande an der Wand oder in einem Objektrahmen arrangiert. Lass deiner Fantasie freien Lauf.

Faltschachtel

Irgendwie kann man doch immer eine gebrauchen: Faltschachteln in allen Farben und Formen lassen sich wunderbar bestücken und dekorieren aber auch verschenken. Der Inhalt muss nicht immer groß sein, es geht um die Geste, den Gedanken, die Idee. Die kleine Schachtel mit den Blumenelementen habe ich samt getrockneten Blüten und einem kleinen Gedicht an einen lieben Menschen verschenkt. So einfach lässt sich sagen, dass man jemanden „sowas von lieb hat".

WERKZEUG

- Schneidematte
- Schneidemesser / Skalpell
- ggf. Reserve-Klingen
- Rundlocheisen in verschiedenen Größen
- Falzbein

MATERIAL

- Motiv-Vorlage (Seite 93)
- alternativ Papier, ca. 120-140 g, säurefrei

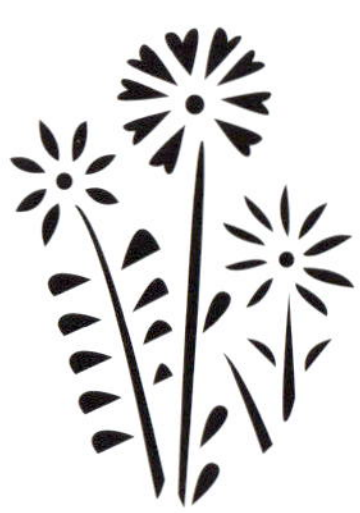

SO GEHT'S

1 Übertrage das Motiv entsprechend der Anleitung auf Seite 12 auf ein Blatt Papier oder verwende die Original-Vorlage im hinteren Teil des Buchs.

2 Beginne damit, die Blüten und Blätter zu cutten sowie die kleinen Kreise der Blumen. Für Letzteres verwendest du am besten das Rundlocheisen.

3 Jetzt kannst du dich an die Stiele der Pflanzen begeben. Schneide sie vorsichtig und sorgsam aus und vergiss nicht, das Motiv gut mit der freien Hand zu fixieren.

4 Nun schneidest du entlang der äußeren Linie der Faltschachtel, um das gesamte Motiv von der Vorlage zu lösen.

5 Anschließend falzt du die gestrichelten Linien mit einem Falzbein und klappst die entsprechenden Seiten nach innen. Die kleine Faltschachtel lässt sich nun wunderbar zusammenfügen und an einzelnen Seiten mit einem Kleberoller fixieren. Jetzt musst du nur noch überlegen, was du reinlegen möchtest. Hast du schon eine Idee?

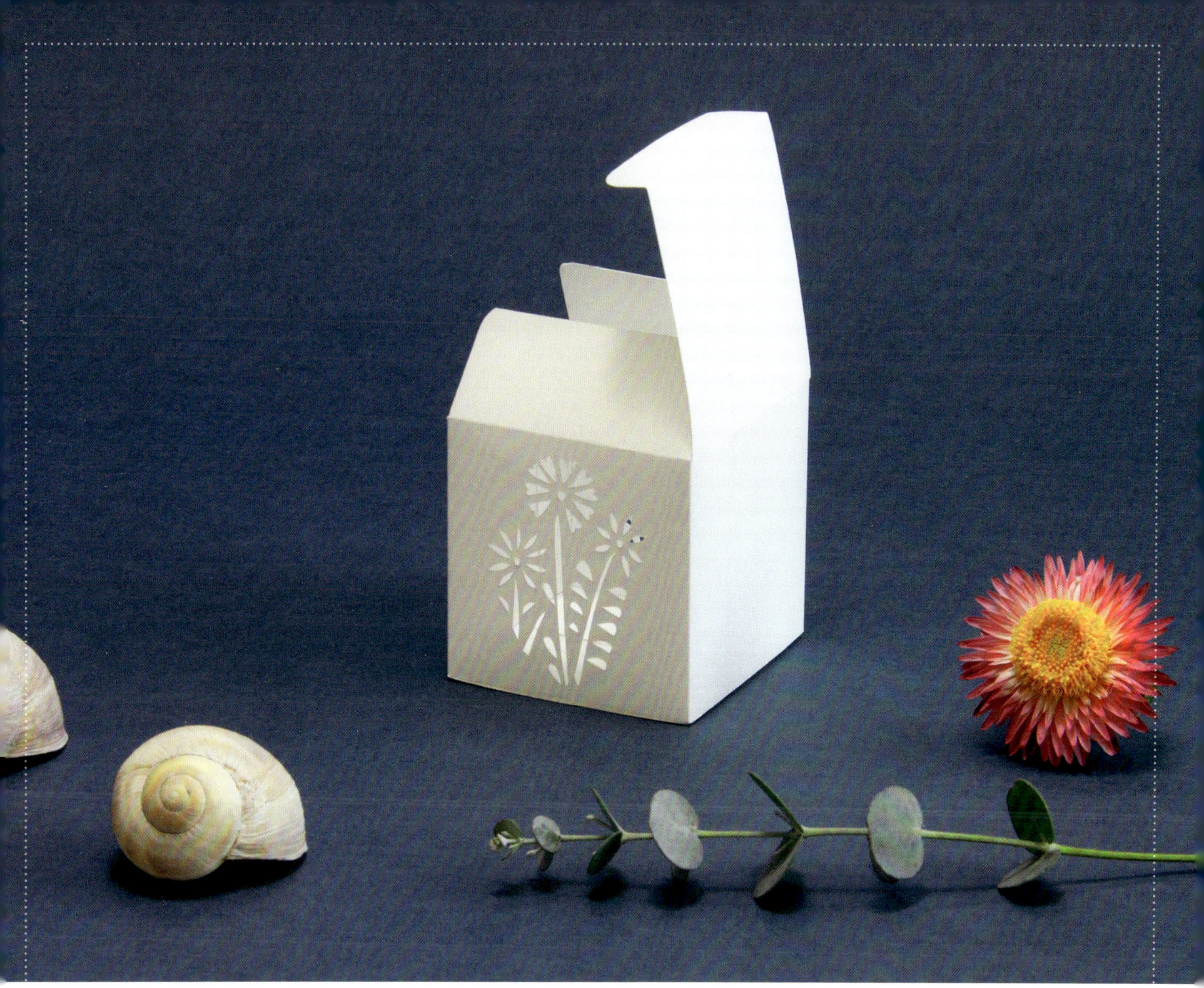

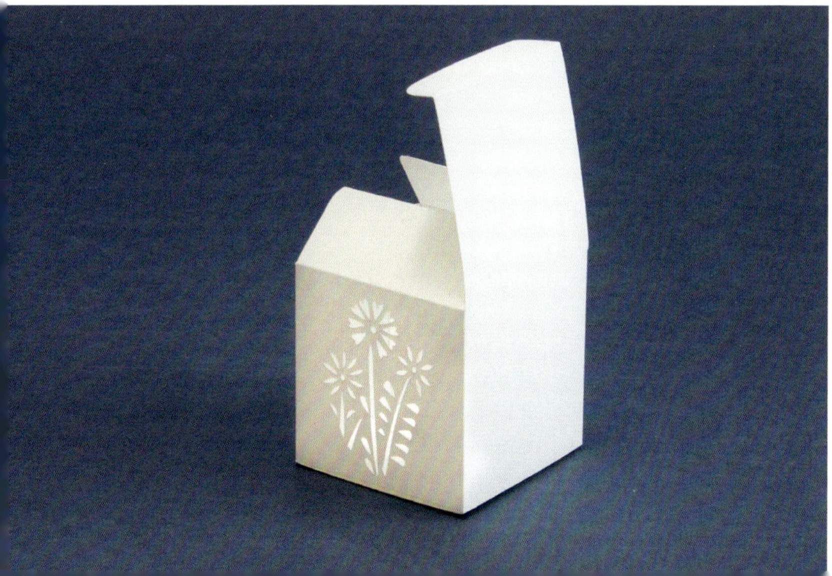

Tipp

Du kannst die Vorlage gerne skalieren und so verschiedene Größen von Schachteln gestalten und schneiden. Auch kannst du nur den Umriss verwenden und das Papercut-Motiv selbst entwerfen. Versuch es doch mal. Es bringt dir sicherlich viel Freude.

Pfauenkleid

Er taucht doch immer mal wieder in meinen Motiven auf – der Pfau. Er ist aber auch einfach so zauberhaft und auf so unterschiedliche Weise darstellbar. In dem vorliegenden Entwurf wollte ich einmal die Federn etwas mehr in den Vordergrund rücken. So fein sind sie doch. Was für ein prächtiges Kleid er sich anziehen durfte.

WERKZEUG

| Schneidematte
| Schneidemesser/Skalpell
| ggf. Reserve-Klingen
| Rundlocheisen in verschiedenen Größen

MATERIAL

| Motiv-Vorlage (Seite 95)
| alternativ Papier, ca. 120-140 g, säurefrei
| Karten in verschiedenen Farben

SO GEHT'S

1 Übertrage das Motiv entsprechend der Anleitung auf Seite 12 auf ein Blatt Papier oder verwende die Original-Vorlage im hinteren Teil des Buchs.

2 Da bei diesem Motiv fast alle Elemente eine ähnliche Größe haben, kannst du einfach anfangen, wo du möchtest. Um das Motiv nicht zu oft in eine neue Schneiderichtung drehen zu müssen, habe ich damit begonnen, bei den Federn alle nebeneinanderliegenden Linien in einem Aufwasch zu schneiden. Starte beispielsweise mit dem breiteren Steg entlang der Mittellinie der Feder. Das spart dir etwas Zeit und Mühe.

3 Wenn du alle Elemente innerhalb des Motivs gecuttet hast, kannst du nun das Motiv entlang der Außenlinie schneiden und aus der Papiervorlage herausheben. Fertig ist der Pfau.

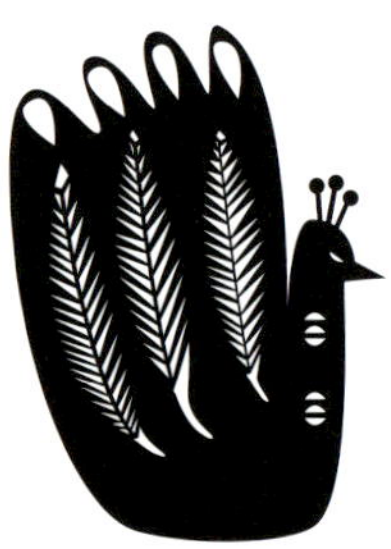

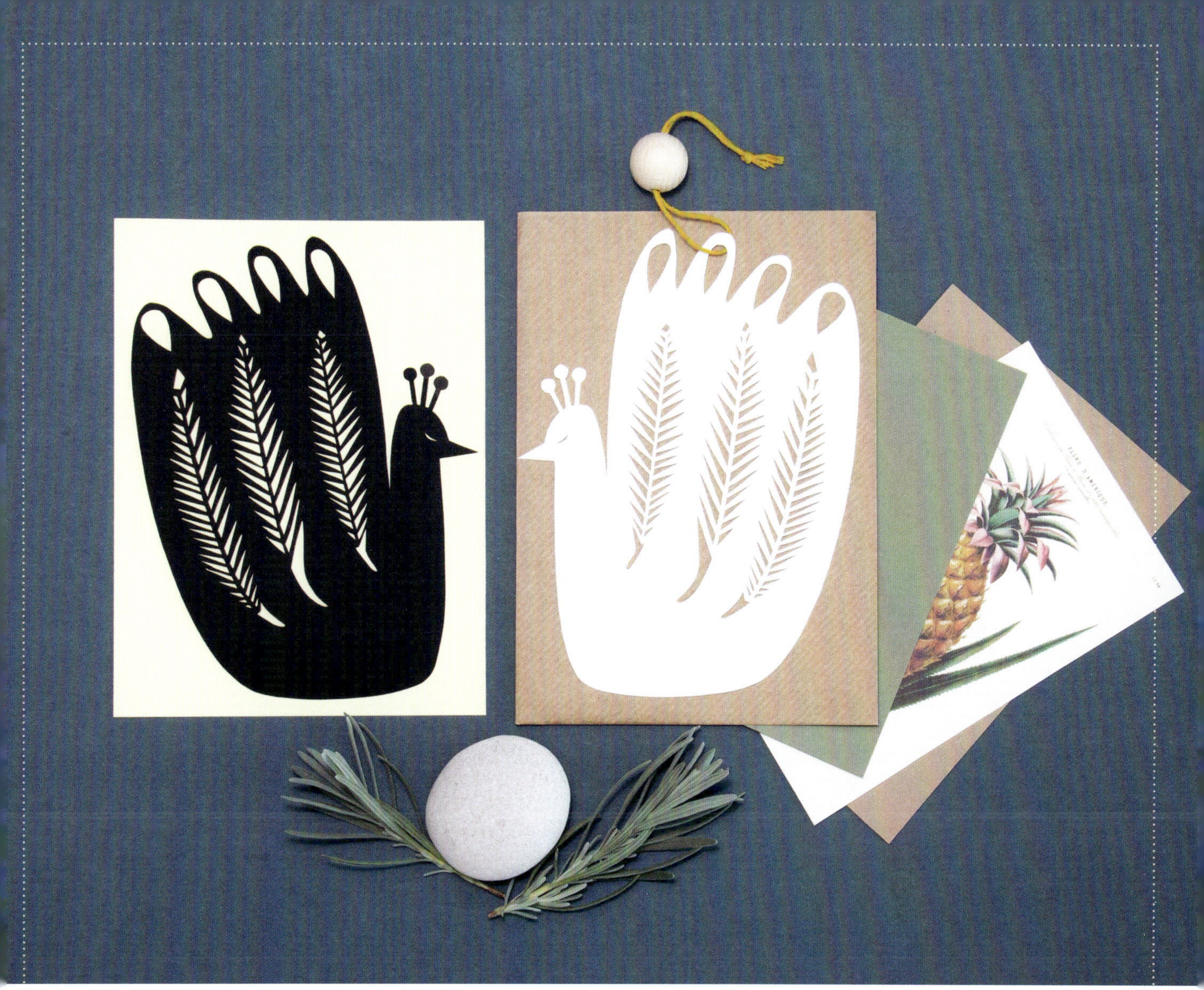

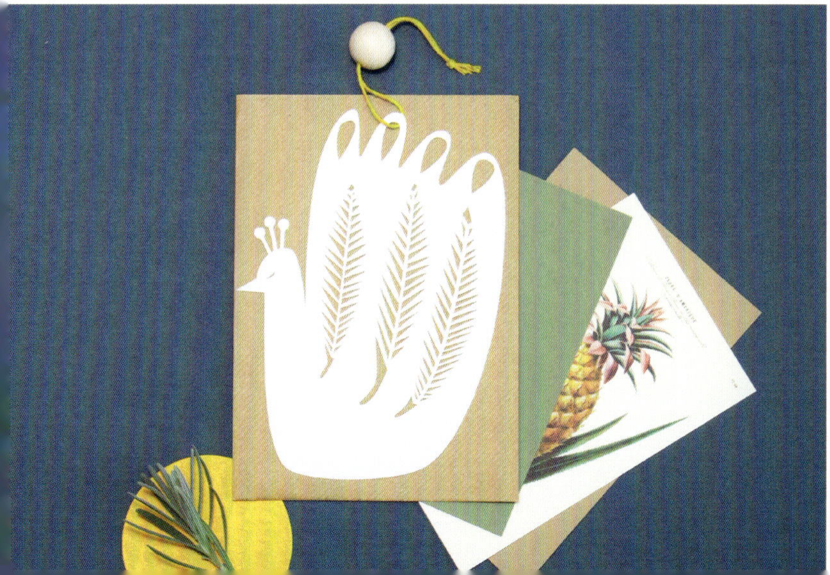

Tipp

Ich habe den Pfau einmal in Schwarz und einmal in Weiß geschnitten und gegenüber platziert. Dies hat ein schönes Gesamtbild erzeugt. Probiere es doch mal aus.

ÜBER **DIE AUTORIN**

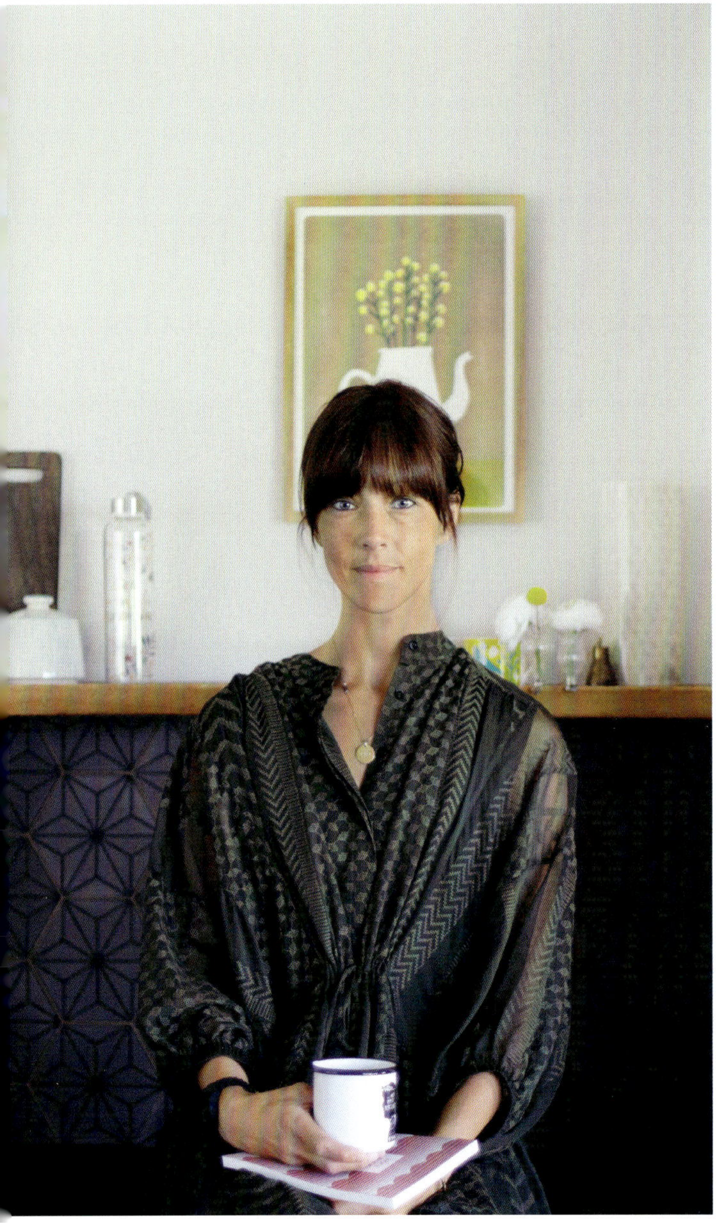

Das Illustrieren, Schneiden und Basteln mit Papier gehört zu meinen großen Leidenschaften. Seit ich denken kann, zeichne und gestalte ich. Sowohl beruflich als auch privat war kreativ zu sein immer wichtiger Bestandteil meines Lebens. Es dauerte jedoch eine ganze Weile, bis ich die Kunst des Papercuts für mich entdeckte und meinen ganz eigenen Stil fand.

Inspiration finde ich in der Natur und meiner Heimat. Umgeben zu sein von Bergen, Seen, Blumenwiesen, Wäldern und einer großen Vielfalt kleiner und großer Tiere ist umwerfend schön. Ein Geschenk, für das ich jeden Tag dankbar bin. Mit meinen Lieben verbringe ich viel Zeit draußen, um zuentdecken, erforschen oder einfach mal die Beine baumeln lassen. So soll es sein.

Vor zwei Jahren wagte ich den Schritt in die Selbstständigkeit mit meinem Label Zauber & Zunder. Der Gedanke spukte schon lange in meinem Kopf herum, es dauerte aber, die Idee wirklich umzusetzen. Jetzt freue ich mich jeden Tag, meine Motive und Papierschnitte auch anderen lieben Menschen zugänglich zu machen, sei es durch meine Bücher oder die Papercuts, die ich in einigen bezaubernden Lädelchen in Deutschland und meinem Online-Lädelchen anbiete.

Falls Fragen auftauchen oder dir eine Idee durch den Kopf geht, bei der ich dich unterstützen kann, melde dich gerne: me@zauberundzunder.de. Ich freu mich immer über inspirierenden Austausch rund um das Thema Papierschnitt. Auf bald. Bleib gesund und munter.

Marie-Christine

DANK

Es ist schon eine ganze Weile her, dass ich einen Gedanken daran wagte, ein Buch über Papercut zu gestalten und zu schreiben. Damals war alles sehr vage und, um ehrlich zu sein, glaubte ich nur mäßig daran, dass es irgendwann Wirklichkeit werden würde. Dennoch wollte ich den Traum nicht aufgeben und versuchte mein Glück beim EMF-Verlag, wo man mir die Chance gab, mit meinem Buch „Christmas Papercut" einen ersten Vorstoß zu wagen. Bis dahin war das Thema Papercut vor allen Dingen im englischsprachigen Raum auf dem Buchmarkt präsent und umso schöner war die Nachricht, dass es schlussendlich sogar einen Nachdruck geben würde.

Heute, ein Jahr später, darf ich nun die Weiterführung des Weihnachtsbuchs in den Händen halten. „Zauberhaftes Papercut" hat mir die Chance eröffnet, frei zu denken, zu gestalten und eine Vielfalt an unterschiedlichsten Motiven und auch Techniken umzusetzen. Ein bisschen grandios. Ein bisschen verrückt. Ich freue mich. Und ebenso bin ich einigen Menschen ziemlich dankbar für diese Chance und die Unterstützung, die ich erfahren habe.

Zunächst möchte ich Anne Hörr vom EMF-Verlag danken, die sich von Anfang an so sehr für meine Idee und das Projekt eingesetzt und es schlussendlich auch wirklich ermöglicht hat. In diesem Zuge auch einen herzlichen Dank an das gesamte Team vom EMF-Verlag, für das Vertrauen und den Mut, das Thema Papercut gemeinsam mit mir umzusetzen.

Dankbar für dies und das und so vieles mehr bin ich außerdem meiner Familie. Meinem Mann Tobias, der mich gestern, heute und hoffentlich auch morgen in all meinen Ideen und Träumen unterstützt und sowohl als Fels in der Brandung als auch zum Beine-baumeln-Lassen jederzeit für mich da ist. Meinen Kindern Levi & Ella, die sich ihrem Schicksal der ewig bastelnden Mama gefügt haben und ab und an bereits eigene kleine Kunstwerke gestalten. Meinen Eltern, die mir soviel Gutes mit auf den Weg gegeben haben und sich vorbehaltlos mit mir freuen können. Wisst ihr, wie kostbar das ist?

Zu guter Letzt danke ich noch all den Freunden und Menschen, die mein Leben durch ihre Anwesenheit, ihre Zuneigung, ihren Witz und Zauber bereichern. Es gibt sie und sie sind da.

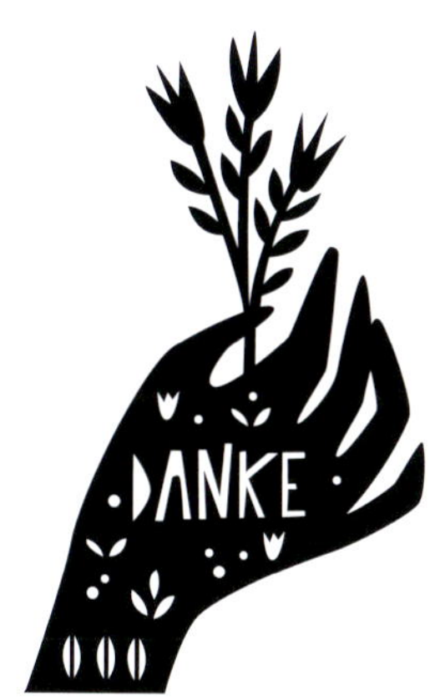

IMPRESSUM

Bibliografische Information der Deutschen Bibliothek.
Die Deutsche Bibliothek verzeichnet diese Publikation in der Deutschen Nationalbibliografie.
Detaillierte bibliografische Daten sind im Internet über http://www.dnb.de/abrufbar.

EIN BUCH DER EDITION MICHAEL FISCHER
1. Auflage 2022

Redaktion und Lektorat: Anne Schäfer-Hörr, Anja Brinkmann
Cover- und Layoutgestaltung: Marie-Christine Hollerith, Alexandra Wolf
Satz: Suparada Ströbel
Fotos: Marie-Christine Hollerith

ISBN 978-3-7459-0765-0

Gedruckt bei Polygraf Print, Čapajevova 44, 08001 Prešov, Slowakei

www.emf-verlag.de

Auf den folgenden Seiten findest du die Vorlagen zu den Projekten. Du kannst sie jeweils an der Perforation heraustrennen und direkt loslegen.

Die Vorlagen gibt es außerdem zum Download unter
www.emf-verlag.de/Zauberhaftes-Papercut/978-3-7459-0765-0
Hier hast du die Möglichkeit, die Motive entweder auf schwarzem oder weißem Papier auszudrucken.
Wichtig: Schwarzes Papier lässt sich nur mit einem Laserdrucker bedrucken, die gelben Linien werden sonst nicht ausreichend sichtbar.

VORLAGEN

SKANDI-VOGEL
Seite 22

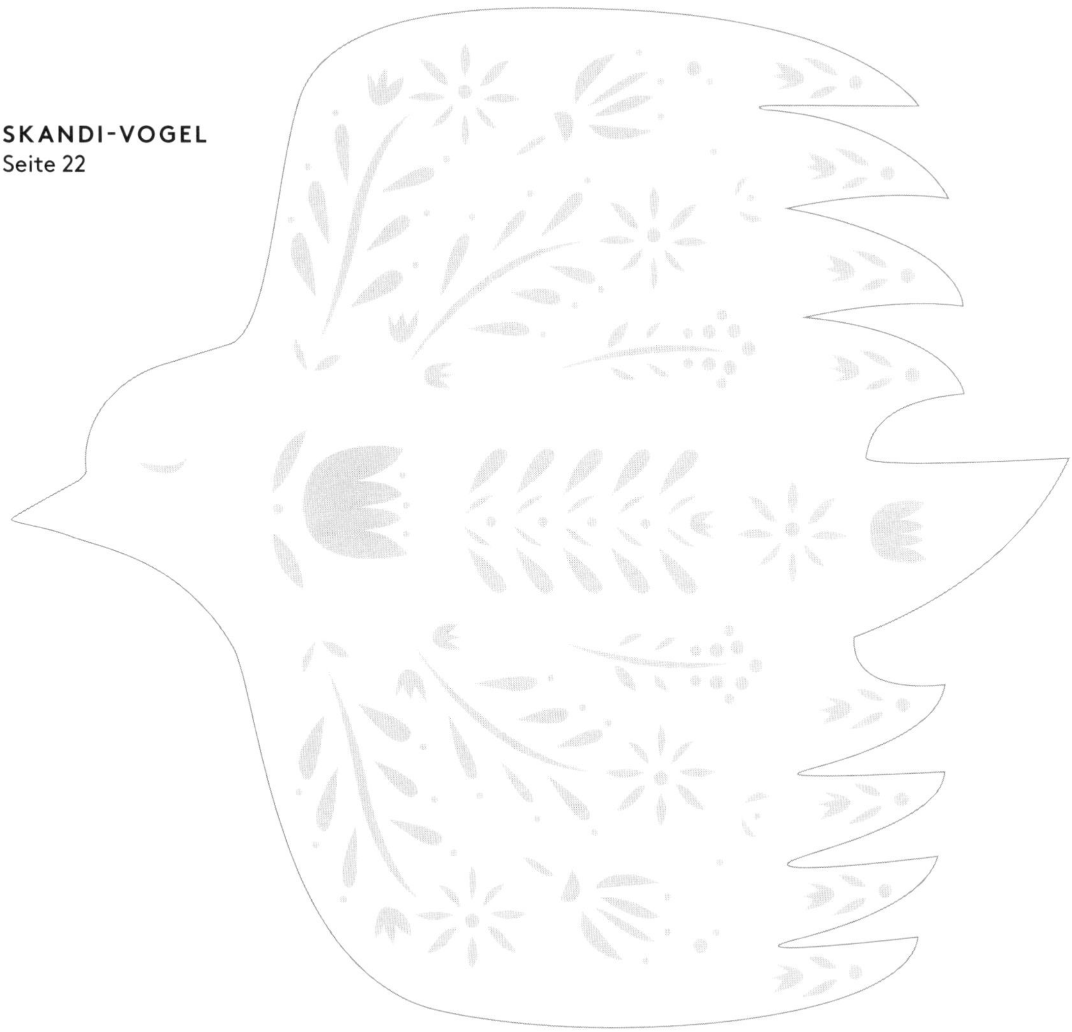

BLUMENSTRAUSS „TO GO“

Seite 26

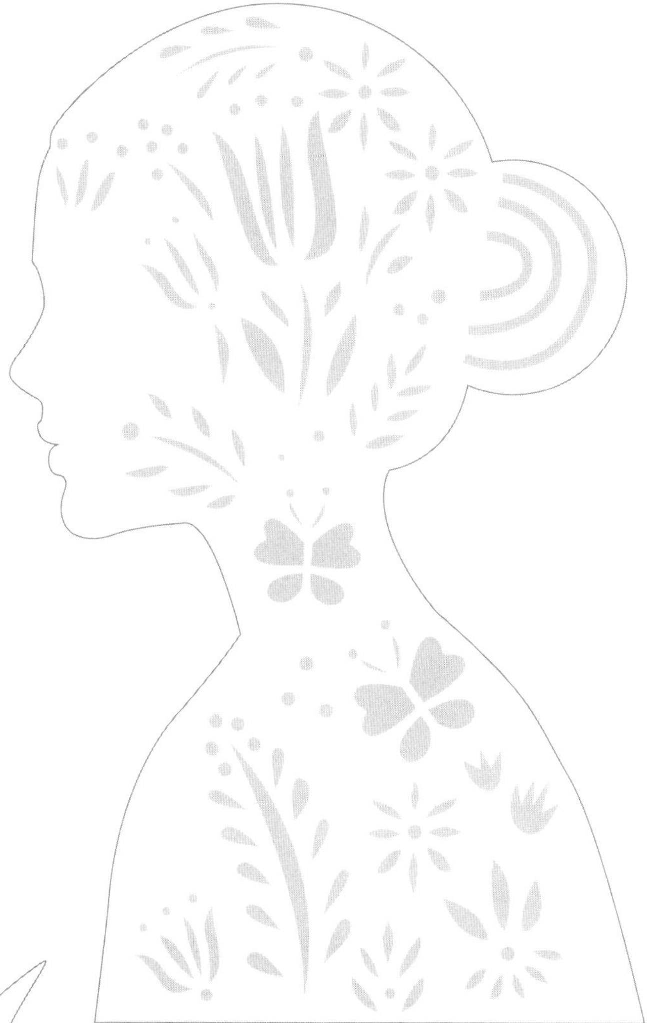

ICH DENKE MIR
EIN BLUMENMEER
Seite 28

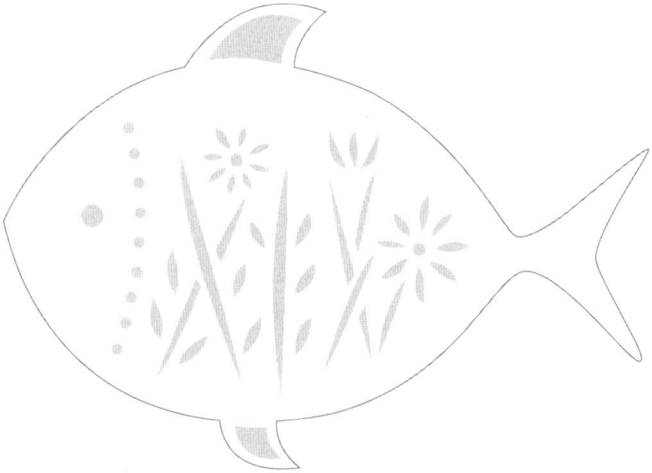

FISCHLEIN
Seite 40

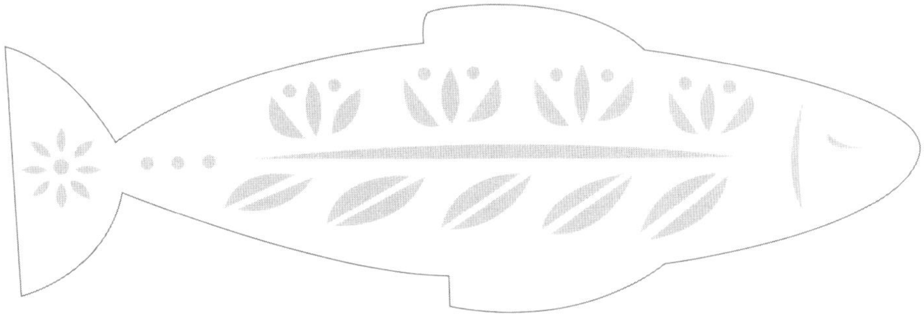

OPAS GEWÄCHSHAUS
Seite 30

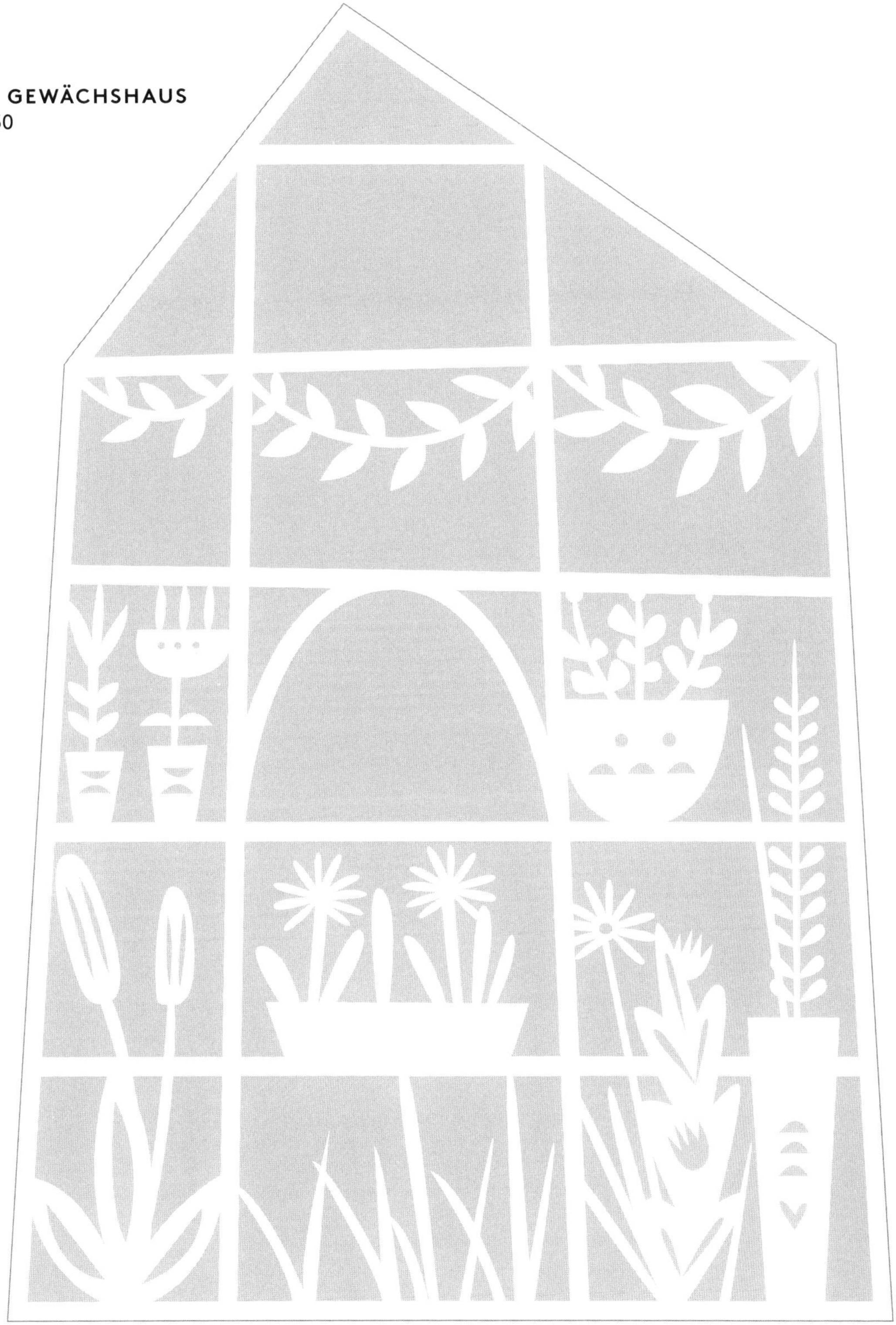

PAPIER-BLÄTTERKRANZ
Seite 34

PAPIER-
BLÄTTERKRANZ

Seite 34

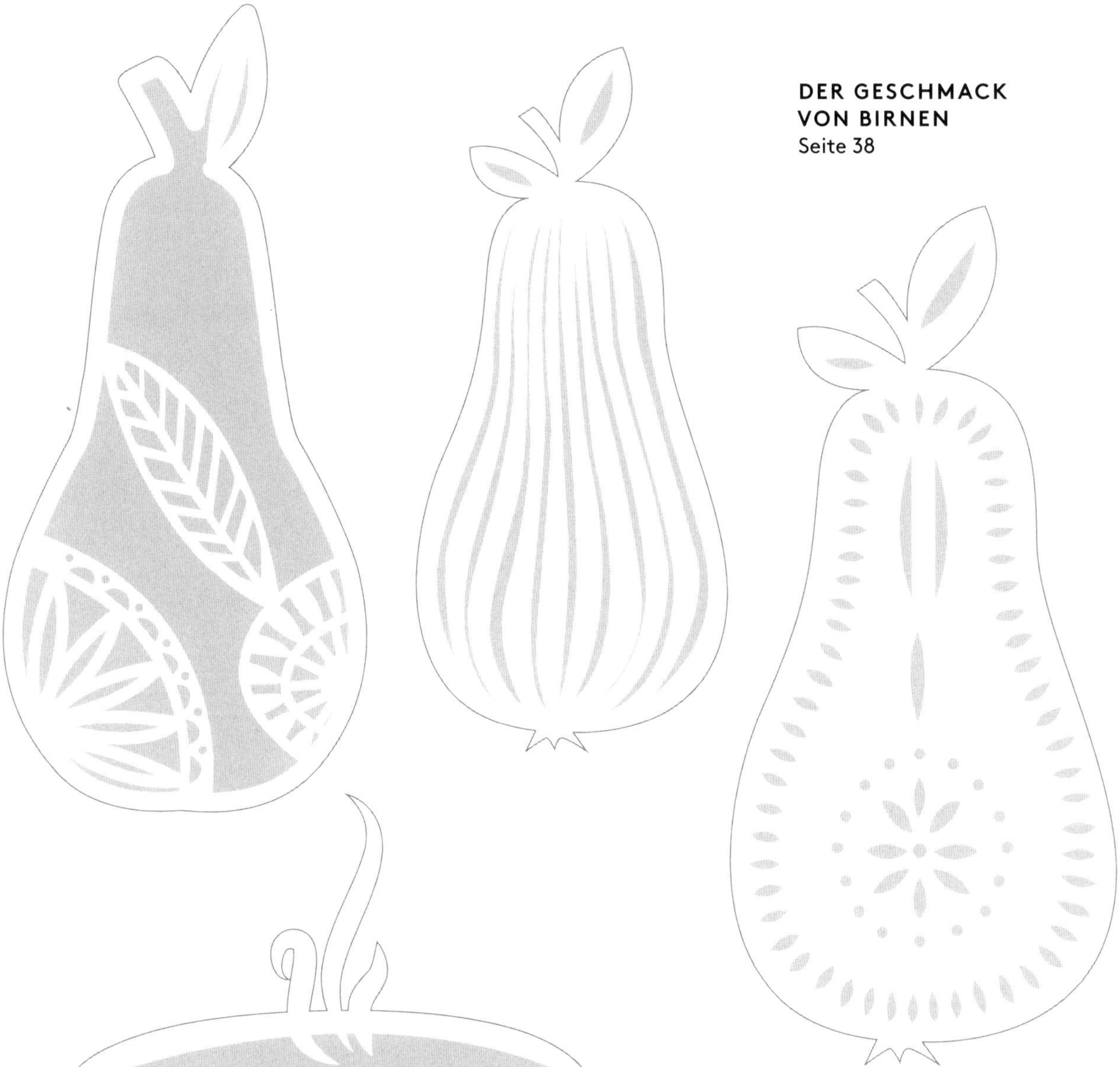

DER GESCHMACK VON BIRNEN
Seite 38

GUTEN-MORGEN-KAFFEE
Seite 36

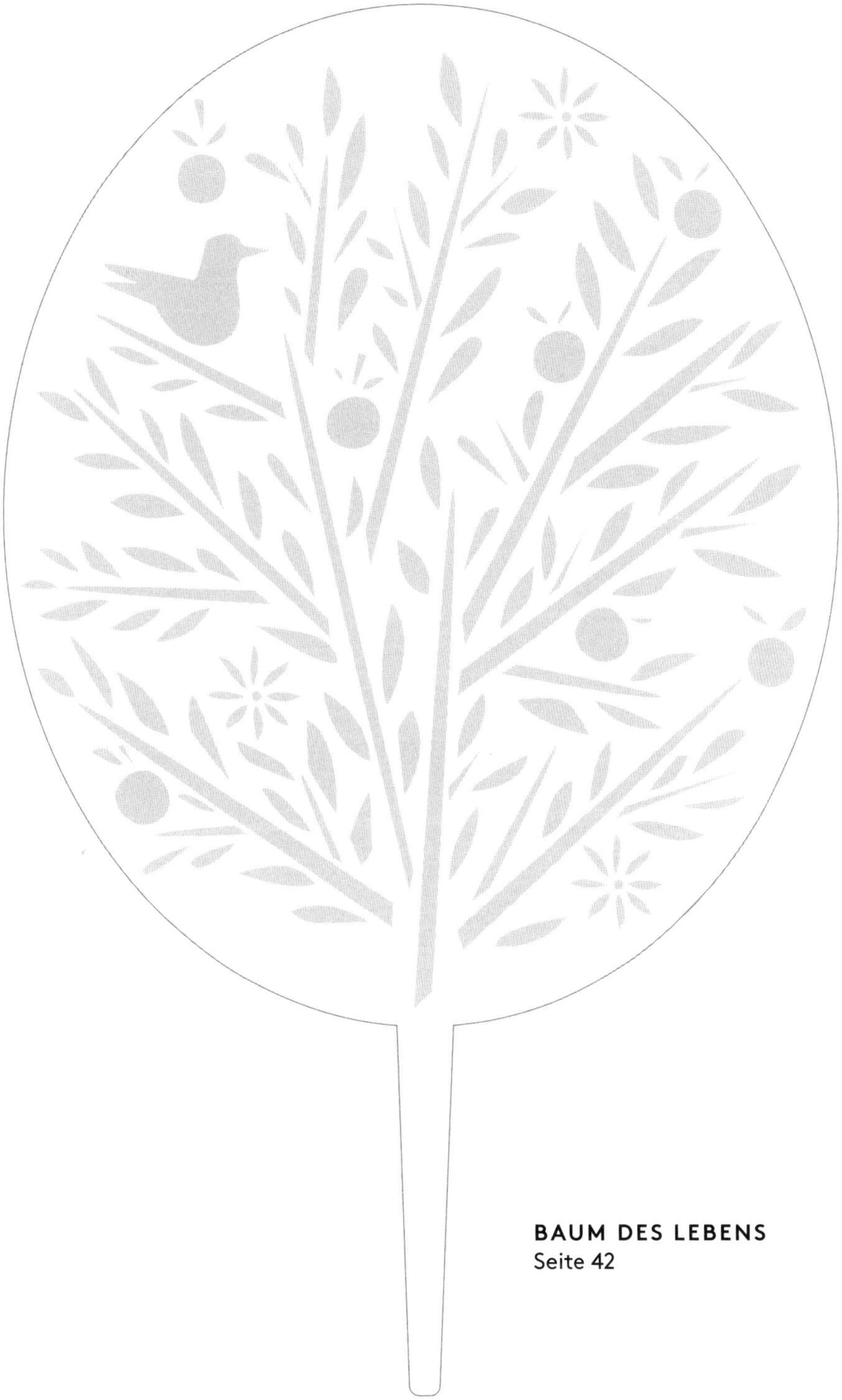

BAUM DES LEBENS
Seite 42

KRANZ DER POESIE
Seite 44

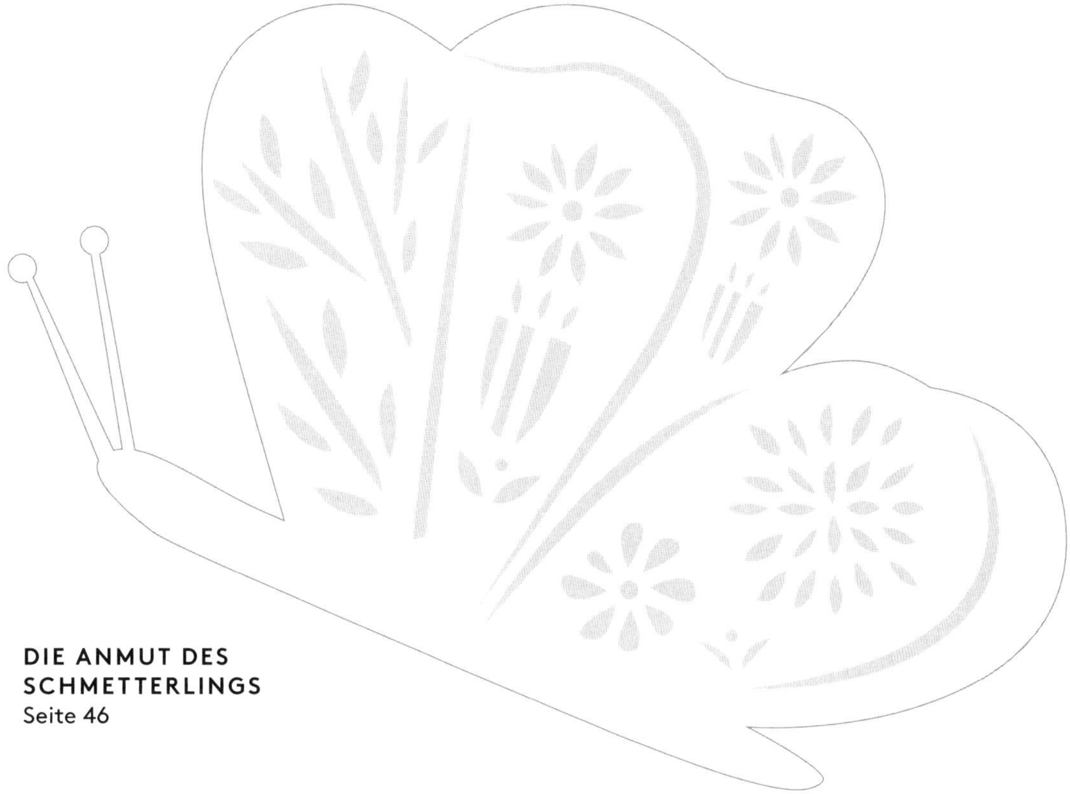

DIE ANMUT DES SCHMETTERLINGS
Seite 46

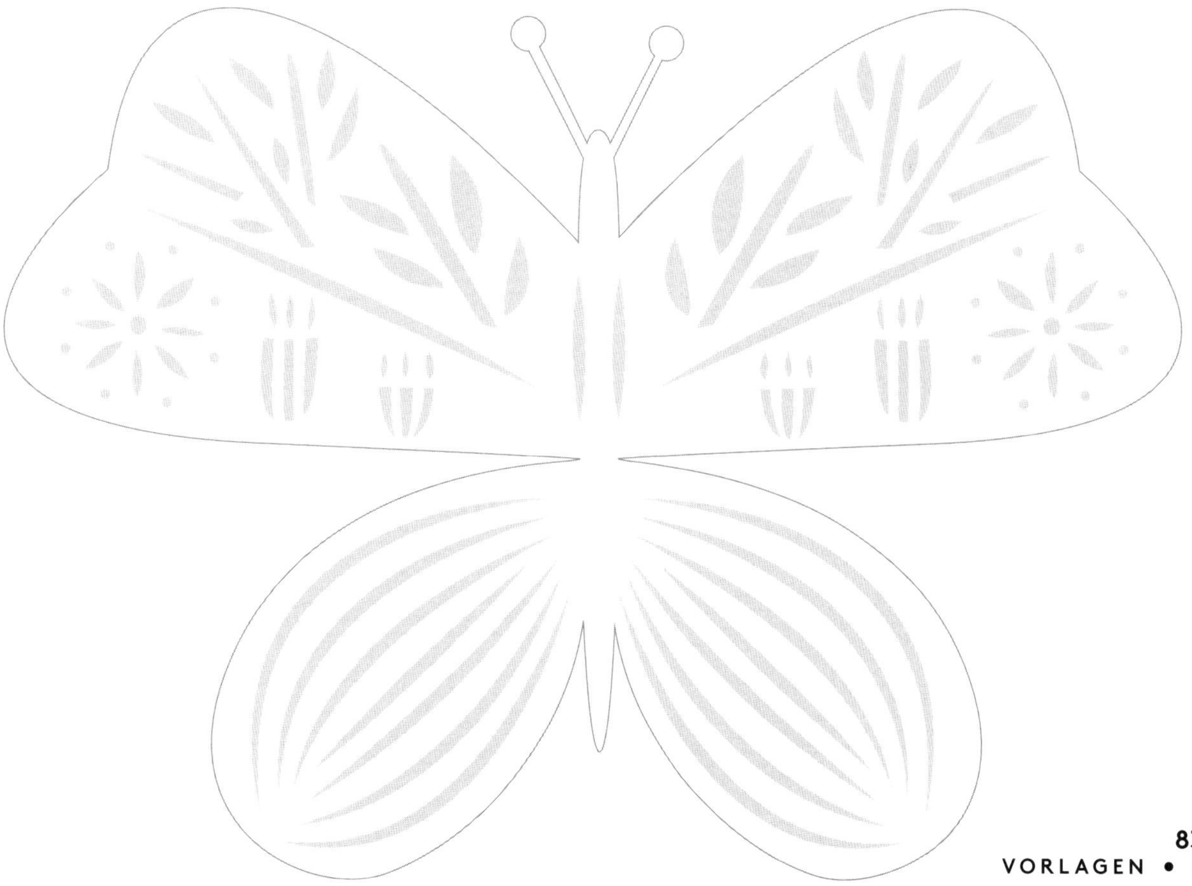

SELBSTGEMACHTES SCHMECKT AM BESTEN
Seite 32

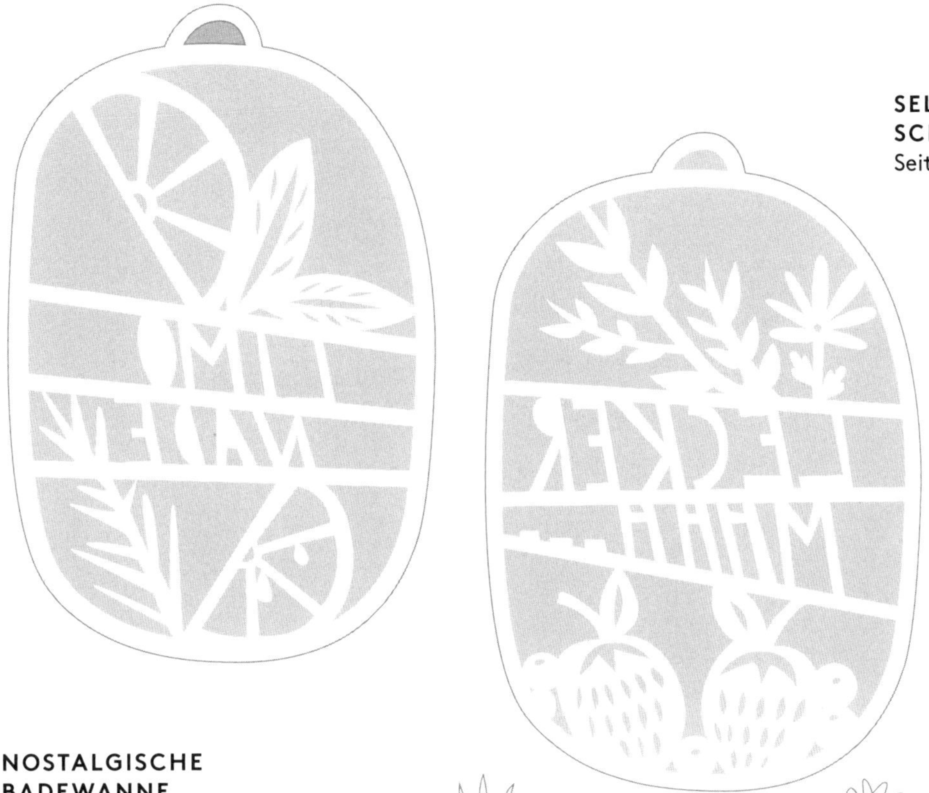

NOSTALGISCHE BADEWANNE
Seite 48

WINDLICHT BLUMENWIESE
Seite 50

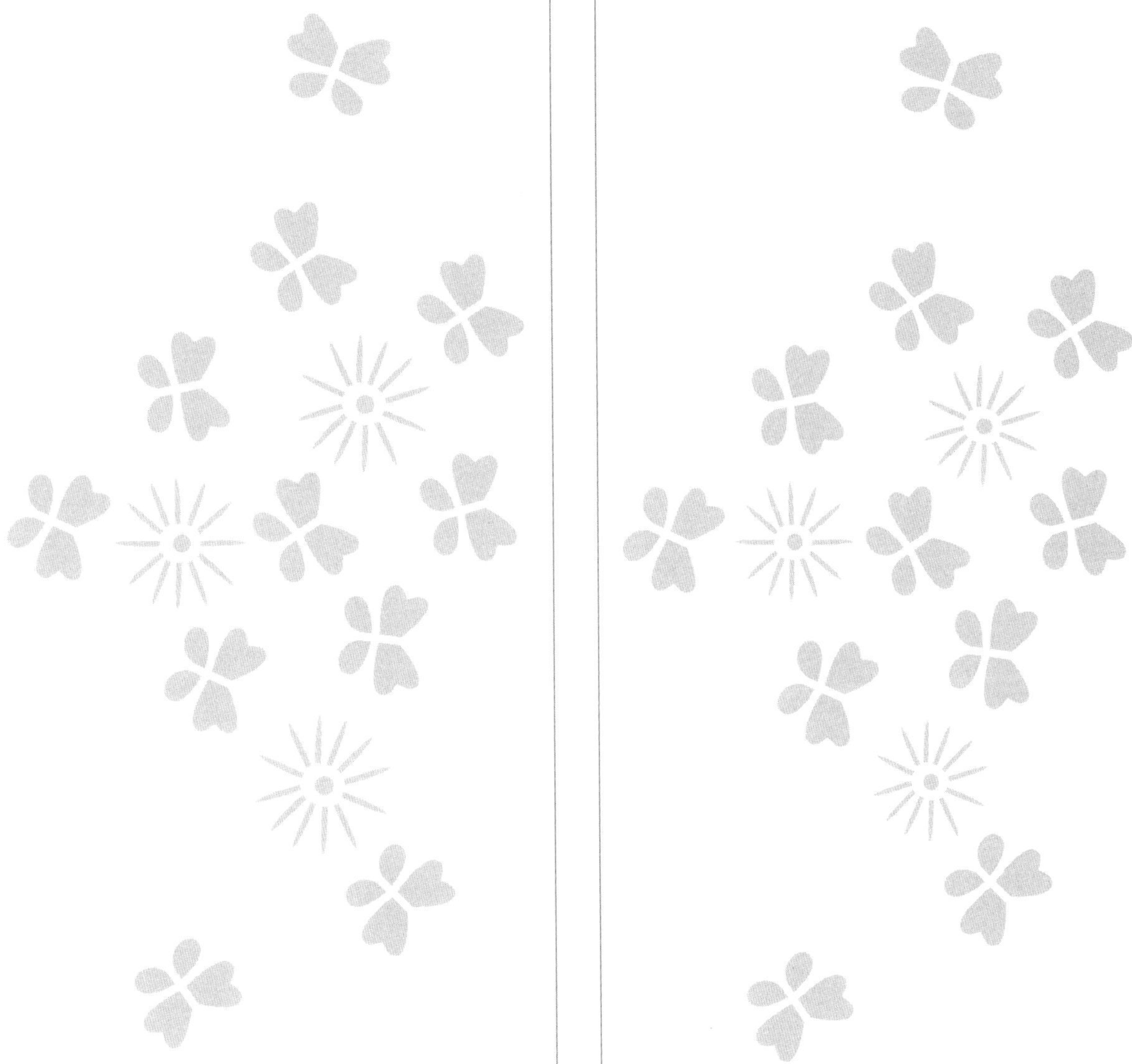

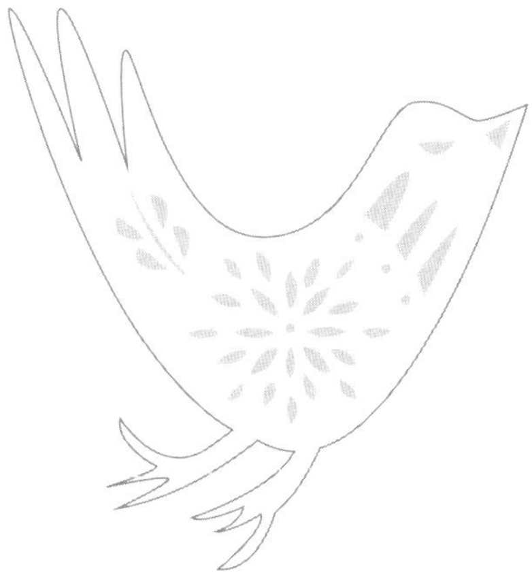

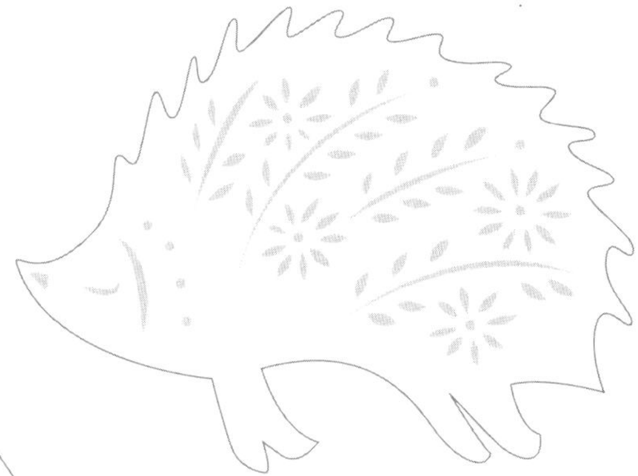

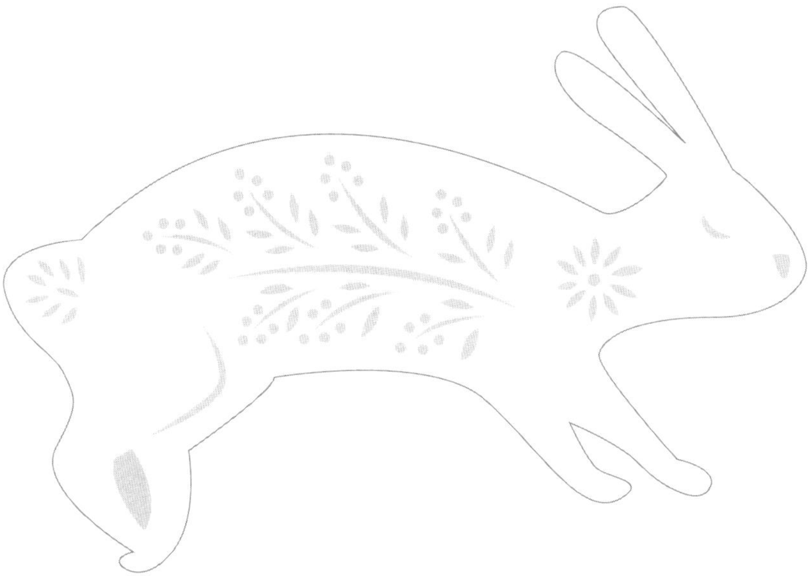

WALDTIER-PARADE
Seite 52

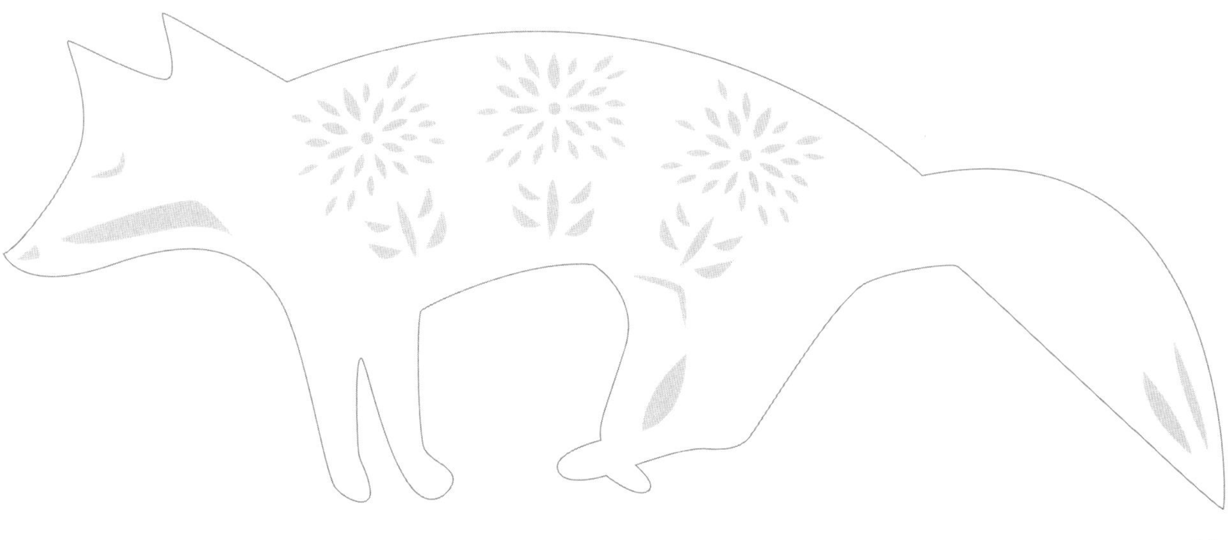

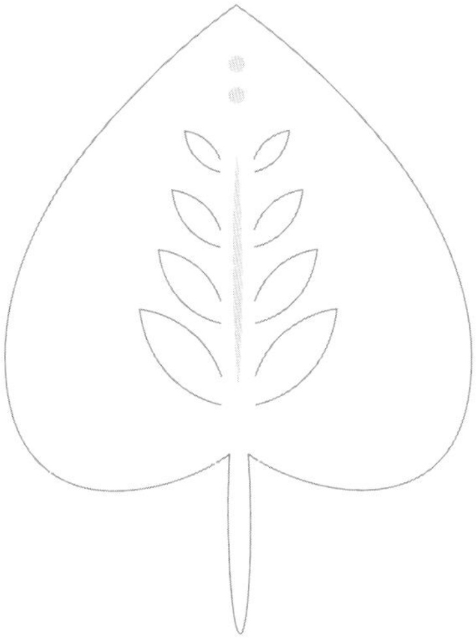

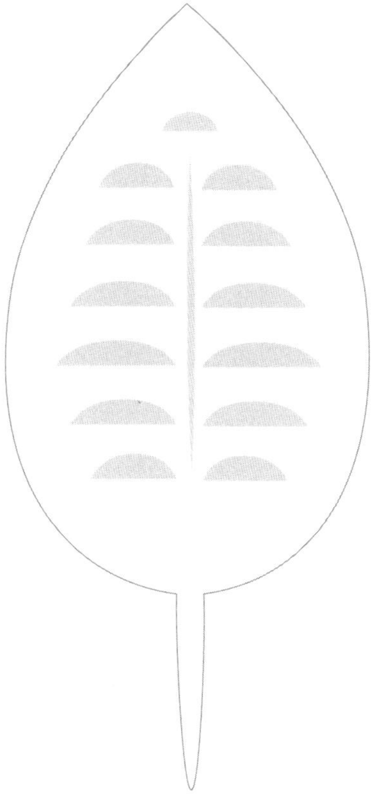

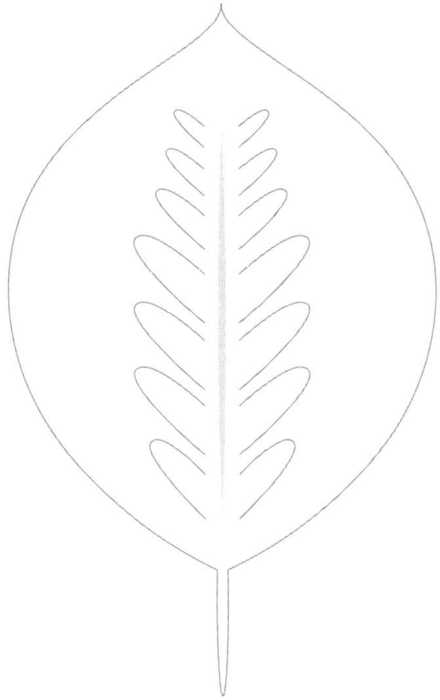

DAS RASCHELN DER BLÄTTER
Seite 54

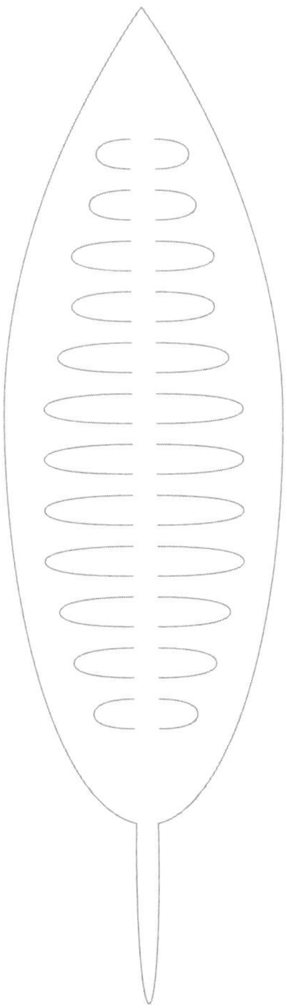

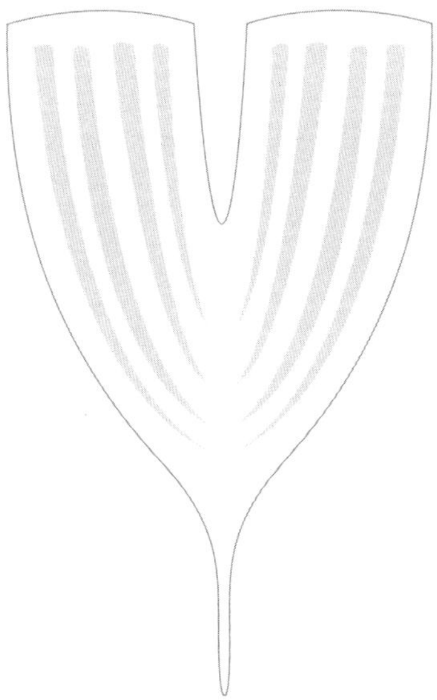

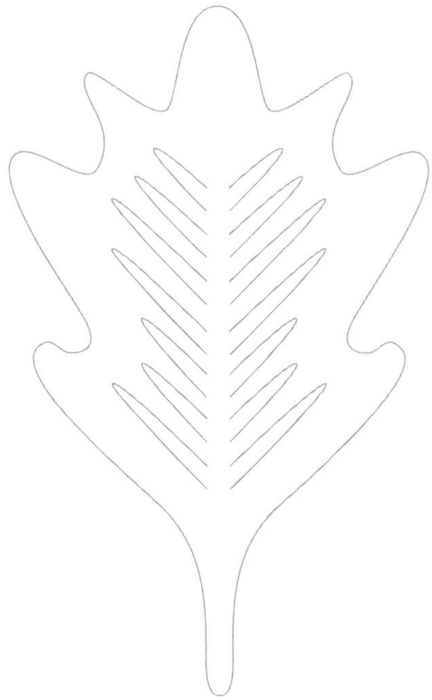

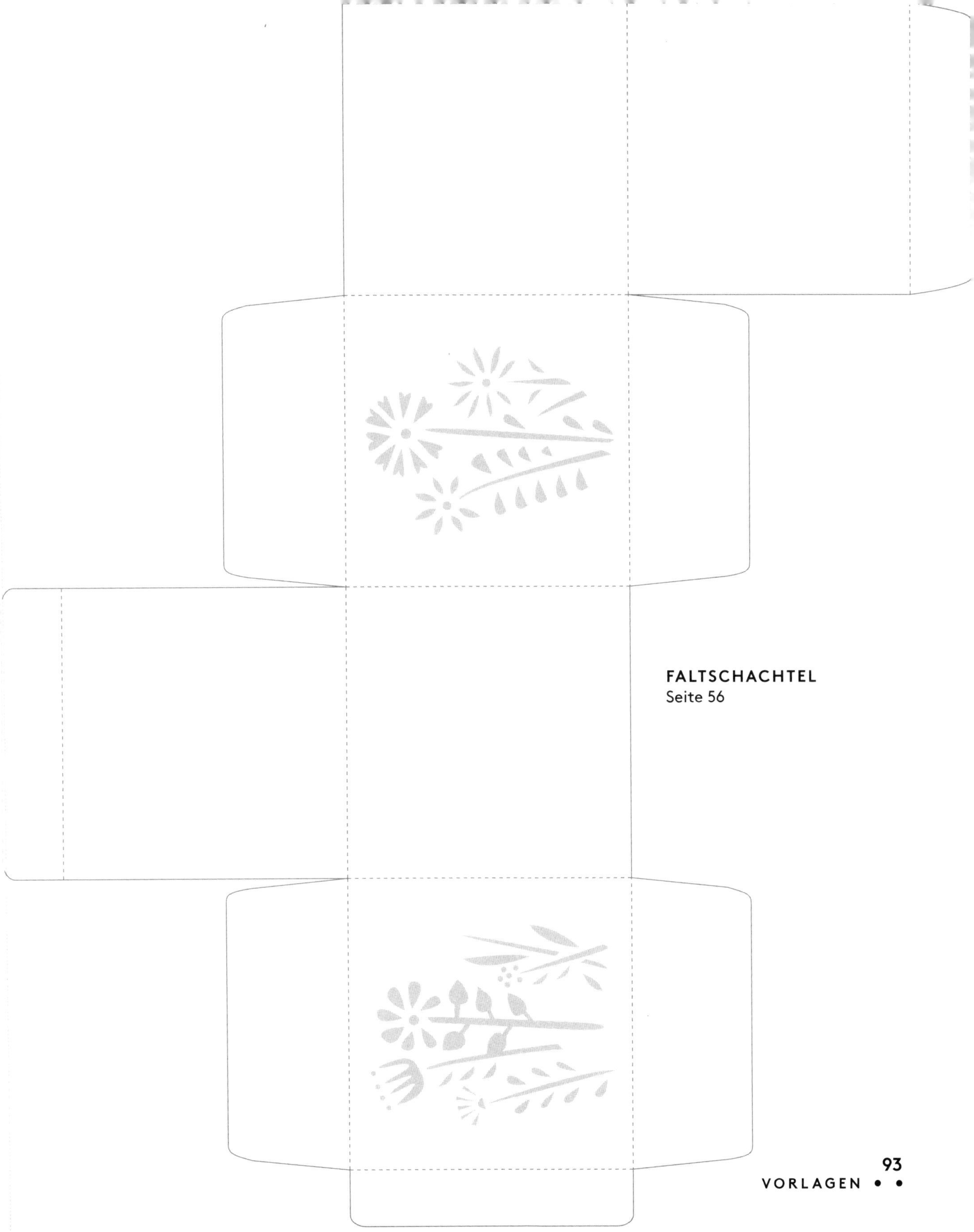

FALTSCHACHTEL
Seite 56

DIE MAGIE DER SCHLANGE
Seite 24

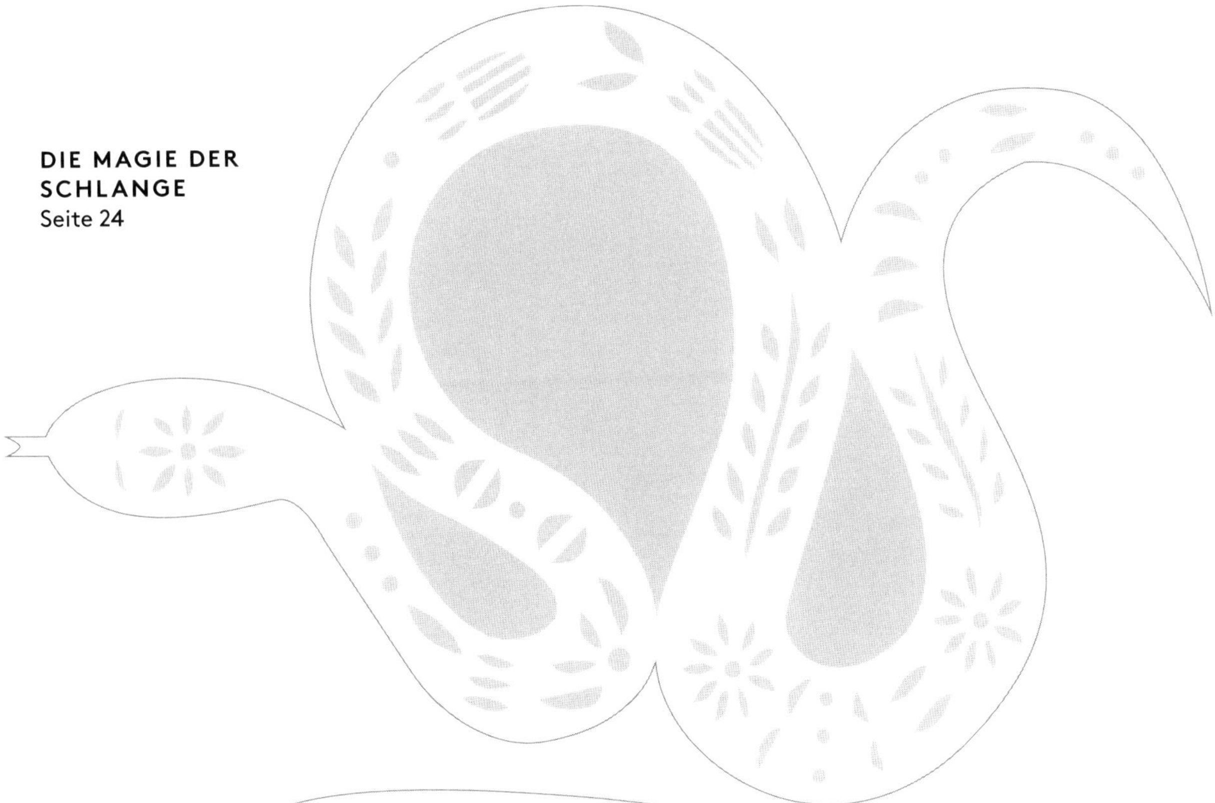

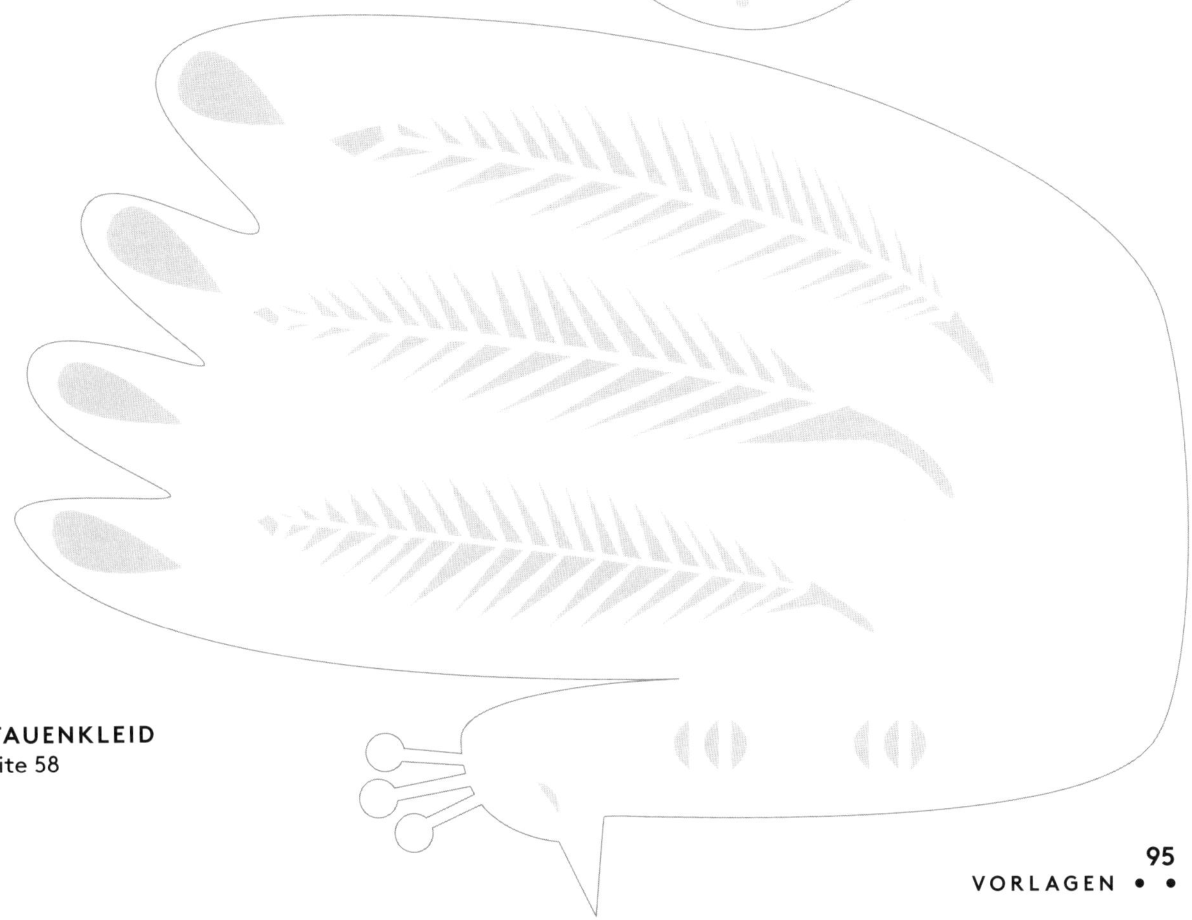

PFAUENKLEID
Seite 58